賃金が上がる！

最強のチームマネジメント

指示ゼロ経営

米澤晋也

Shinya Yonezawa

内外出版社

はじめに

◉「指示ゼロ経営」により〝賃金が増える〟企業へ

「社員が〝休日明けに出社するのが楽しみ〟というほど仕事を愉しんでいる」
「社員からすごいアイデアがどんどん出るようになった」
「付加価値の高い経営になり、業績が良くなった」
「過去最高額の賞与を支給した」
「社員の基本給が5万円上がった」

この数年間、私が仕事で関わる企業で、このような声が増えています。これらの企業は、決して花形産業に身を置くわけではありません。靴店、訪問看護事業者、ペットのトリミングサロンなど、どこの町にもある業種です。

共通することは、私が提唱する「指示ゼロ経営」の導入に成功した企業だということです。

指示ゼロ経営とは、社員が、指示命令されずとも、「自分たちで課題を見つけ、みんなで知恵を出し、役割分担を決め、行動し、行動の結果を検証し、次の行動を決める」という一連の繰り返しを、自律的かつ継続的に行える経営を言います。

本書の目標はズバリ、〝賃金が増える〟企業を増やすことです。

賃金が上がらない時代において、付加価値の高い経営を行うとともに、社長の賃上げへの不安を軽減し、持続的な賃上げを実現する方法を解説します。

2019年1月に出版した『リーダーが「何もしない」とうまくいく。指示ゼロ経営』の続編として、前著では書き切れなかった、指示ゼロ経営の具体的な実務、特に賃上げを実現する実務を記します。

1、働き甲斐が高く、仕事が愉しくてしようがなくなる。

2、愉しさが最高の創造性を生み、付加価値の高い経営が実現する。

3、会社が儲かるとともに、利益が適正に分配される賃金制度により、社員の賃金が上がる。

社員は、賃金を、〝上から与えられたご褒美〟ではなく、〝自分たちでつくり出した果実〟と捉え、さらに働き甲斐が高まるという好循環が生まれます。

指示ゼロ経営は、この1→2→3→1→2→3……の循環により、企業内に、持続可能なモチベーションと、お金の循環システムを実現します。

私は、この様な経営を行うことが、持続的な賃上げを実現する王道だと考えています。

◉高付加価値経営と、社長の分配に対する不安の解消が賃上げを実現する

周知の通り、先進国の中にあり、日本は20年以上の期間にわたり、賃金が増えていません。加え、昨今の物価上昇と円安の影響を受け、日本はかつてない経済苦を味わっています。

この様な状況下にあり、政府は、「成長と分配の好循環による新しい資本主義」と

いう方針を掲げ、賃上げ策に本腰を入れ始めました。岸田首相は、2023年の年頭の記者会見で、「インフレ率を超える賃上げを」と、企業サイドに要請しました。

その効果なのかは分かりませんが、大企業を中心に、続々と賃上げが実施され、世間に、かつてない賃上げムードが高まっています。

日本商工会議所の調査によると、2023年4月に昇給を実施した中小企業は、調査全体の約6割に上りました。その多くが、業績が改善しない中で、離職や採用難から身を守るための防衛措置であったことが分かりました。

賃上げムードの高まりは、中小企業の社長にとって頭の痛い問題です。社員の生活も守らなければいけません。人材の確保も考えなければなりません。

しかし、無い袖は振れない……どうすればいいのか、と悩む社長が多いと思います。

詳細は第1章で述べますが、安易に賃上げムードに乗ることは非常に危険です。賃上げをしても、社員のモチベーションも、企業の稼ぐ力も高まりません。それどころか、社員の自発性や創造性を破壊する危険性すらあるのです。

もちろん政府には、お金の循環が良くなる政策を打ち立てて欲しいと、切に願います。しかし、お金の循環が良くなるだけでは問題は解決しません。お金は、需要と供給を結ぶ媒介ですので、そのマッチングがなければ、社会に回りません。

このことは「肩たたき券」を例えに説明すると分かりやすいと思います。

ここに、ものすごく肩が凝った人がいるとします。この人に対し、それを解決する術、サービスを持った人がいれば、肩たたき券を媒介に取引が生まれます。サービスがなければ、肩たたき券が社会にあふれるだけで、使われることはありません。

政府だけでなく、企業の努力が必要です。

手強い肩凝りで例えましたが、現代人は以前よりも、はるかに難しい課題を抱えています。また、ひと通りのモノを手に入れ、より高度な豊かさを求めています。

企業は、こうした課題と欲求に応える商品やサービスを創造し、顧客に届ける必要があります。

付加価値をつくり、企業の稼ぐ力を高めることこそが、継続した賃上げを実現する方法なのです。

このことは社員も理解する必要があります。そうでないと、社長に賃上げを要望するだけになります。理解があれば、付加価値をつくり業績を上げることに意識が集中します。賃上げムードを社員の意識向上の好機にすることができるのです。

本書では、今の社会情勢においても企業単位でできる、効果的な対策を示します。その方法とは、企業体質を根本から変えるものです。

■指示命令がなくとも、社員が、自分たちで課題を見つけ、知恵を出し合い、役割分担を決め、果敢に行動する……活発で、自律的な組織になる。

■創造性が活性化することで、優れた商品・サービスが開発され、付加価値が高まり、賃金が上がる。

■社長は、安心して任せられるようになる。任せることで、さらに人と組織が育つという好循環が生まれる。

■社員が、社長と同じように会社を自分事と捉え、一緒に悩み、考えるようになる。

こうしたことが、指示ゼロ経営を導入した企業で起きています。

そして、「この仲間とだったら何でもできる」という自信と希望を持ちます。社長と社員が完璧な同志となり、社長は、1人で抱え込む孤独と不安から解放されます。

社長が賃上げをためらう原因は、社長の孤独であり、孤独の原因はトップダウン型の経営スタイルにあります。

トップダウン経営の場合、「決めるのは社長、実行するのは社員」という構図で仕事を進めます。このスタイルで業績が下がった場合、社員が「社長が言う通りにやったのに給料を下げられたらたまったもんじゃない」と思うのは当然です。

日本には、簡単に社員を解雇できない上に、一度賃金を上げたら、下げることがはばかられる文化があります。

現代のような見通しが不透明な時代においては、社長の気持ちが守りに入り、イザという時に備え、賃上げを躊躇するのは自然なことと考えます。

◉賃上げムードを「企業の稼ぐ力」を育てる好機にする

これからは「上が決めたことに従う」スタイルから、「現場社員が意思決定に参画する」というスタイルに変わっていく、いや、変わらざるを得ない時代に突入します。

社長や上司にも正解が分からない上に、変化が激しい状況下で、現場が逐一、社長や上司の指示を仰いでいたら、手遅れになってしまうからです。

社員が意思決定に参画するようになると、社長の孤独が軽くなり、利益を分配できる心理になります。

社員が意思決定に参画することは、業績への影響力を持つことになりますので、賃金は、業績の上下に連動するようになります。**業績が下がった時に賃金を下げることができれば、良い時には上げることができるようになるのです。**

こうして、企業の稼ぐ力が向上するとともに、社長の分配への恐れが軽くなり、社員の賃金が、役割に見合う水準に上がっていくのです。

賃金が業績と連動するようになると、賃上げ目標額から、必要な業績額を逆算することもできます。「これだけ賃上げするなら、これだけ稼ぐ必要がある」という利益計画に社員が参画できるようになります。

これはパラダイムシフトです。

従来の、社長が独断で業績目標を決める場合では、社員は「目標が高いと仕事が大変になるので、できるだけ低い目標にして欲しい」と他人事のように思う傾向がありますが、賃上げ目標額から、必要な業績額を設定することで、目標を自分事にします。賃上げムードを「企業の稼ぐ力」を育てる好機にし、社員の力を借りて賃上げを実現することができるのです。

こうした経営を実現するためには、指示ゼロ経営の正しい考え方と知識、実務手順を学ぶ必要があります。安易な理解で導入すると、痛手を被ることになります。最悪なケースは「指示せずに任せればいいんだろ？」と軽い気持ちで導入し、上手くいかず、社長がダメ出しをするケースです。社員が「だったらちゃんと指示を出して欲しい」「もう二度と自発的に動くもんか」と、投げやりになる危険性があります。

指示ゼロ経営の実務とは

・自ら課題を見つけ、共創・協働で解決する自律的な風土づくり
・社員が、経営計画などの意思決定に参画する実務手順

・自律的な行動が、組織全体に伝播する仕掛け
・組織の創造性と自律性を高める賃金制度と、その正しい使い方

いかがでしょうか。不安が先行する社会情勢にあっても、仕事が愉しく利益が上がり、賃金も上がる、希望に満ちた企業をつくってみませんか？

指示ゼロ経営は、長野県の田舎町で23年間、社員数40名の新聞販売店で、数え切れない失敗と試行錯誤を繰り返し、開発されました。

前著では、指示ゼロ経営の思想と基本的な考え方、そして私の失敗体験……社長が読めば胃が痛くなるような生々しい指示ゼロ経営のリアルを綴りました。

是非、本書を活用していただくとともに、痛い失敗をしないように前著もお読みいただければ幸いに存じます。

それでは希望に満ちあふれる世界への扉を開きましょう！

著者

CONTENTS

第2章 利益が上がる、利益の分配が起きる、「指示ゼロ経営」……59

第3章 実務編 創造性と実行力の高い組織風土をつくる……121

第4章 実務編 階層3、ビジョンを実現する計画立案と、会社も社員も潤う賃金制度

第5章

実務編

波及プロセスで、チーム内に指示ゼロ経営の文化を伝播させる …… 231

ブックデザイン&ＤＴＰ　四方田　努（sakana studio）
図解　米澤晋也
校正　小川かつ子

第 1 章

賃金が上がる、高付加価値経営への変容

賃上げをしても、賃金問題は解決しない

「毎日希望があった。物価が上がっても、給料も上がったし、貯蓄もできた」

「しっかり稼げたから、将来の不安は、ほとんどなかったですね」

「無理して貯めようとしなくて、どんどん使っちゃっても平気だった」


先日、テレビをつけたら、こんな景気の良い話が、私の耳に飛び込んできました。

「一体いつの時代の話なんだ？」と思い、見ると、高度経済成長期を体験した、シニア世代への街頭インタビューでした。

人は、過去を美化する傾向にありますから、何割かは差し引いて聞く必要はあると思いますが、今よりも希望を持っていたことは、間違いのない事実です。

これを見て、改めて、悔しい気持ちになりました。

「当時より今の方が生活水準は上がったが、希望は持てなくなっているんだな」と。

私は、1971年生まれですが、幼少期から高校時代まで、「明日は今日より確実

に良くなる」という時代感覚の中で育ちました。経済成長が、私たちの希望を担保してくれた時代です。

その後、バブル経済が崩壊し、「失われた30年」に突入。今では、希望に満ちた当時の面影はありません。経済協力開発機構（ＯＥＣＤ）のデータによると、米国をはじめ、多くの国では、賃金が上がっていますが、日本は、ここ20年以上の期間にわたり、横ばいが続いています。「真面目に」働いているにもかかわらず。

原因を、多くの専門家が分析しています。

・ＤＸ化が遅れたことにより、労働生産性が下がったから
・雇用の維持が最優先になり、労働組合が、賃上げを要求しなくなったから
・低賃金の非正規労働者が増えたから
・雇用の流動性が低いから
・付加価値の高い経営ができていないから

分析者により見解が様々ですし、こうした原因が重なり合っているという指摘もあ

ります。ただ、間違いなく言えることは、大半の専門家が言うように「すぐには解決しない、根の深い問題」だということです。

こうした時代にあり、若い世代を中心に希望が持てず、将来を悲観する人が増えています。

内閣府が日本とアメリカ、イギリス、スウェーデン、フランス、ドイツ、韓国の若者を対象に行った「諸外国の若者の意識に関する調査」では、「希望がある」「どちらかといえば希望がある」と答えた日本の若者は6割ほどで、他国の8割と比べるとかなり低いことが分かりました。

「元気があれば何でもできる」とは、故・アントニオ猪木さんの名言ですが、元気は希望から生まれます。未来に希望が持てず、元気を失い、さらに希望を消失させるという悪循環が、社会に渦巻いているように思えるのです。

そんな状況下で、政府は、「成長と分配の好循環による新しい資本主義」を掲げ、賃上げを目指し、税額控除や、最低賃金の引き上げなどの対策に乗り出しました。政府の方針を受け、経団連の十倉雅和会長は、２０２３年の年頭の挨拶で、「賃上げは企業の社会的責務」とまで言い切りました。

しかし、効果は疑問視されています。希望が持てない状況下で賃上げを行っても、貯蓄が増えるだけで、経済循環は起きないと考えられるからです。また、これだけモノにあふれた時代では、付加価値の高い商品・サービスをつくらない限り、消費は活性化しません。これは、賃金を引き上げて解決する問題ではありません。

根本対策は、企業が、付加価値をつくり出し、稼ぐ力を向上させることです。

企業の稼ぐ力を高め、賃上げに成功したスウェーデンモデル

内閣府の「諸外国の若者の意識に関する調査」で、「希望がある」と答えた割合が上位だったスウェーデンでは、ここ20年間で、賃金が50％も上がっています。賃金が上がる社会構造を、政府がつくったからです。

スウェーデンでは、業績が良い企業も悪い企業も、同じ賃上げが義務付けられています。すると、生産性が低い企業はさらに苦しくなりますが、政府は一切救済しません。日本人が聞けば冷酷に感じるかもしれませんが、「潰れる企業はどうぞ潰れてください」というスタンスなのです。

すると、本当に潰れる企業が出ますが、職を失った人は、生産性が高く業績が良い企業に吸収され、労働力の流動性が高まります。

ＮＨＫの特別番組「欲望の資本主義２０２２ 成長と分配のジレンマを越えて」の中で、市民は、インタビューにこう答えていました。

「働く人の期待は、常に高まっている。仕事はハードだけれども、同時に、面白く楽しい。自分を発展させることができる」「もし、勤めている企業が倒産しても、その後、仕事を得る可能性には、あまり影響ありません」

働く人たちは、再就職できるように、自らを高める努力をするでしょうし、労働力の流動性が高まることで、多様な知恵や知識、経験も流通し、さらに企業の稼ぐ力が向上していきます。

スウェーデンの政策は、単なる賃上げではなく、働く人たちに希望をもたらし、成長意欲をかき立てるものであり、企業の稼ぐ力を向上させるものなのです。

賃金を上げただけでは、稼ぐ力どころかヤル気も高まらない

2023年初頭に、ユニクロを展開するファーストリテイリングが、最大4割という思い切った賃上げを発表しました。それに続くように、イオン、セガ、大和ハウス工業、ロート製薬など、多くの企業が続々と賃上げ宣言を行いました。

世間に賃上げムードが高まった結果、中小企業でも、およそ6割が賃上げを実施しました。低賃金では採用が不利になったり、離職が増えたりする恐れがあるからです。

しかし、これは悲劇の始まりかもしれません。**安易な賃上げは、企業を衰退させる危険性をはらんでいるのです。**

次の2つのケースが想定されます。

1、賃上げをしたが、固定費（人件費）が上がっただけで、社員のヤル気も企業の稼ぐ力も高まらない。
2、間違った賃上げで、かえって社員のヤル気と、企業の稼ぐ力が低下してしまう。

賃金を上げると、社員のヤル気が高まりそうですが、実は、ほとんど関係ありません。正確に言うと、「一瞬だけ高まって、すぐに元に戻る」のです。賃金とはそういうものなのです。

経営の勉強をすると、アメリカの臨床心理学者、フレデリック・ハーズバーグが提唱する、「衛生要因」「動機づけ要因」という、モチベーションに関する研究を学びます。

「衛生要因」……労働環境、労働条件、福利厚生、対人関係、賃金など。

これらは、一定水準を下回ると不満が生まれ、モチベーションが下がり、生産性が下がることがあります。しかし水準を超えると、「あって当たり前」と思われることが多いのです。

つまり、多くの企業では、ただ単に賃上げをしても、働き甲斐も、ヤル気も変わらないのです。

「動機づけ要因」……自分で決めることができる（任されている）、他者の役に立っているという実感、成長実感、チームで協働する愉しさなど。

仕事でこうしたものが得られると、働き甲斐が生まれ、仕事が愉しくなり（楽しいとはニュアンスが違う）、モチベーションが高まるとともに、豊かな創造性を発揮します。

私は、賃上げの間違いをしでかした張本人です。

冒頭で紹介した通り、私は、新聞販売店を経営してきました。新聞店は代表的な不人気業種です。朝早い、休みが少ない、衛生要因は決して良いとは言えない業種です。その上、衰退産業というおまけ付き。希望が持てない業種の代表格と言っても過言ではありません。

私が3代目として家業を継いだ当時、社員のモチベーションは低く、離職も多い状態でした。求人しても人が集まらないということで、非常に抵抗がありましたが、しかたがなく賃上げを行いました。

折しも「勝ち組・負け組」という言葉が飛び交っていた時代、そして、まだかつての新聞業界の栄光の記憶が残っていた頃です。賃上げを張り合いに、勝ち組を目指し頑張ってくれるだろうと期待しました。

読者のみなさんは、すでに嫌な予感がしていると思います。

賃上げの発表会。いつまでも鳴り止まない拍手を浴び、私はヒーローになったような思いがしました。

日頃の労をねぎらうために、また、決起の機運を高めるために、懇親会までやりました。社員はみんな私にお酌に来てくれ、まあ、酔った勢いもありますが、熱い決意表明をしてくれるのです。

何人ともガッチリと握手を交わし、宴は終了。翌朝は、みんないつもよりも早く出社していました。私は「期待に応えてくれた」と嬉しくなりました。

3週間後、あの熱い決意表明をした人間は、別人だったんじゃないか？　と疑うほどに、元に戻っていました。パラレルワールドにでも迷い込んだかのような困惑を覚えたのです。

ハーズバーグの理論は正しかったのです。当社が手にしたものは、「固定費増」だけでした。しかし、これは悲劇の序章に過ぎなかったのです。

この件を反省した私は、次の施策に乗り出しました。「やっぱり、単なる賃上げではダメだな。条件をつけるべきだ」と。

これにより、前述の企業の活力を奪う2つ目のケース……「間違った賃上げで、かえって社員のヤル気が低下してしまう」という事態が起きたのです。

無条件に賃上げするのではなく、貢献した者には、ドンと賞与を出すという施策です。貢献度合いにより、社員を5段階……S・A・B・C・Dで相対評価し、社員を競わせました。

その結果、期待とは真逆の現象が起きたのです。

常に私の顔色をうかがい、言われたことを、失敗しないように、ただこなすだけの、自発性のない社員ばかりになってしまったのです。

評価にならない仕事を避けるようにもなりました。当然、創造的な仕事はできません。社員を競わせたことで、社員間の助け合いや学び合いも、ほぼ皆無になってしまったのです。

私は、次の2つの点で間違いを犯したのです。

1、ニンジンをぶら下げる発想

2、社員同士を競争させる発想

2については第4章で説明することにして、次の項で1について説明します。

アメとムチでコントロールすると、自発性も創造性も破壊される

ニンジンをぶら下げて社員のヤル気をコントロールすると、自発性も、創造性も破壊されます。これを証明する、心理学者による実証実験があります。

「ロウソクの問題」という実験を応用したものです。（図解1）

「ロウソクの問題」とは、ロウソク、マッチ、箱に入った画びょうを使い、ロウが

テーブルに落ちないように、ロウソクに火をつけた状態で、壁に取り付ける方法を考えるものです。

研修などで、受講者にこの問題に挑戦してもらいますが、多くの人が、非常に凝った方法を考えます。画びょうの平らな部分を、溶かしたロウで壁に取り付け、針に火を灯したロウソクを刺し、取り付けるといった具合に。

キャリア教育で、小学校にお邪魔した時のことです。この問題を子どもに出すと、すぐに、次のようなアイデアを思いつきました。

(図解2)

この問題の意図は、人間の先入観を浮き彫りにすることです。

図解 1

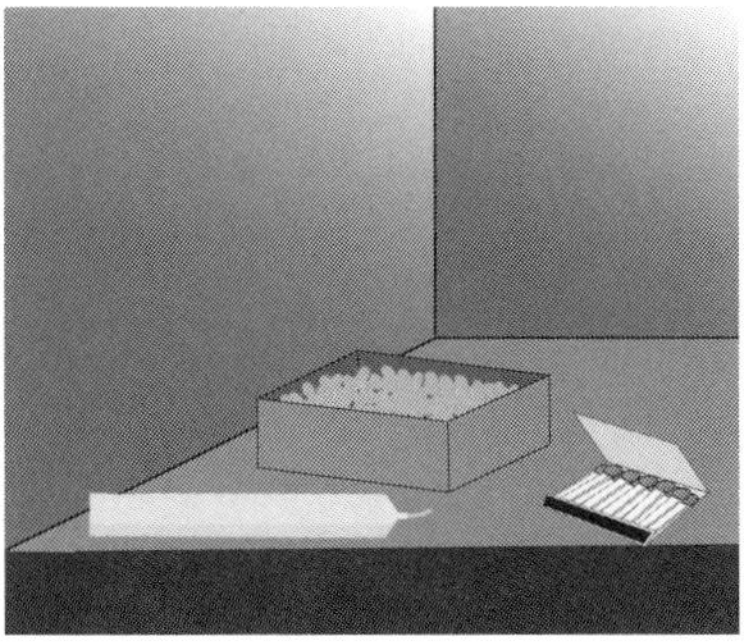

図解 2

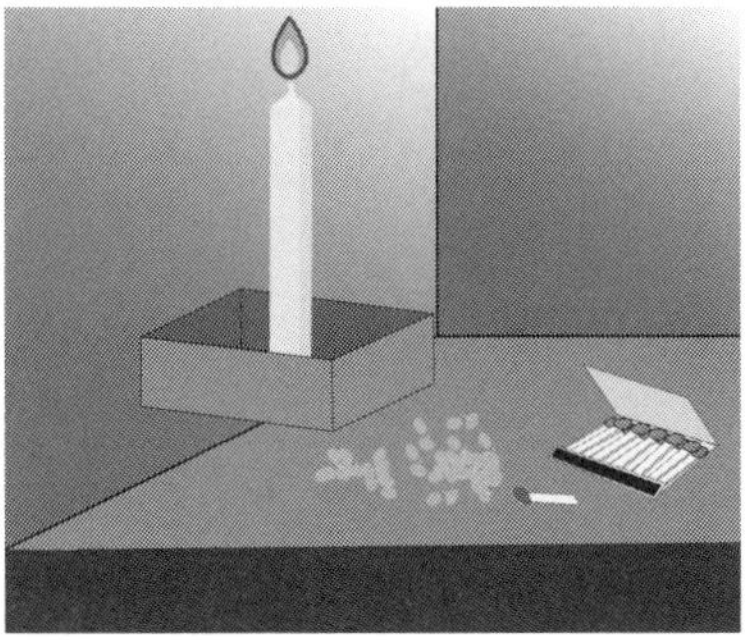

画びょうを箱の中に入れた状態で出題することで、「箱は画びょうの入れ物」という先入観ができ、問題を解くために使うという発想が奪われるのです。子どもは、先入観が少ないので、いとも簡単に、最もシンプルな方法にたどり着きます。

この問題を応用した心理学者がいます。

被験者をAとB、2つのグループに分け、別の部屋でこの問題を解いてもらい、子どもが導き出す、例の答えにたどり着くまでの時間を計測しました。

Aグループの人たちには報酬を提示します。「解決時間が参加者全体の上位25％に入っていれば、5ドルがもらえる」と。さらに、「一番早く達成した人には20ドルを与える」とボーナスも用意しました。Bグループには報酬は一切ありません。

結果はどうなったか？

研修の受講者に、「成績優秀者はA（報酬あり）とB（報酬なし）、どちらのグループに多かったでしょうか？」と質問します。すると多くの方がBと答えます。

正解です。そう答えた理由は、「Aだったら、話として面白くないだろ」と、裏を読むからで、実際は驚いた顔をします。

報酬があるにもかかわらず、Aグループの成績が悪くなる理由は、報酬に意識が向き過ぎて、思考が固くなり、自由な発想ができなくなってしまうからです。

「ニンジンぶら下げ」は、創造性だけでなく自発性も破壊します。

この実験を行うと、問題を解くための制限時間を過ぎた時、両グループに明らかな違いが見られます。報酬があるグループのメンバーは、制限時間に達した瞬間に、問題を解くのをやめてしまいます。報酬が得られないことが確定するからです。

対し、報酬なしのグループメンバーは、純粋な興味で挑戦しているので、制限時間内に解けなかった人も、その後ずっと考え続ける傾向が強いのです。

私が新聞店経営時代に経験した、「ニンジンをぶら下げる発想」で起きた逆効果の理由はこれなのです。

今、多くの仕事で以前よりも創造性が求められるようになりました。

例えば**「おもてなし」**です。

おもてなしは、その時、その状況、その相手に応じて即興でサービスを開発します。非常に創造性が求められます。

また、正解がない時代では、行動と検証……「やっては直し、やっては直し」の繰り返しが求められます。とても根気が要りますので、自発性がないと続きません。

そんな時代にもかかわらず、賃金制度や評価制度をはじめ、多くの制度が「ニンジンぶら下げ」の発想に基づいているのです。賃上げムードの高まりに負け、間違った賃上げを行うと、このような最悪の事態を招く危険性があることを忘れてはいけません。

持続的な賃上げを実現する「付加価値創造型」の企業体質

賃金を上げるためには、何をおいても〝**企業の稼ぐ力**〟を高めることです。

具体的には、**「売上総利益」を稼ぎ出す力**です。売上総利益とは、売上高から商品の原価（仕入れ）を引いた利益のことです。

賃金は売上総利益から出ますので、ここが増えないことには、賃金は増えません。米国の経営コンサルタント、アレン・W・ラッカーが、アメリカの製造工業統計データを分析した結果、賃金と比例関係があるのは、売上総利益だということを明らかにしました。

売上高でも経常利益でもありません。売上総利益が増えれば、賃金が上がるのです。これは、アメリカの企業に限ったことではなく、世界中の企業に当てはまります。

売上総利益を、今いる社員で増やせば、1人あたりの賃金は上がるのです。

売上総利益を増やすためには、その構造を知る必要があります。

売上総利益＝商品・サービス1個あたりの儲け×販売個数

例えば、70円で仕入れたチョコレートを100円で売ったとします。すると1個あ

たりの儲けは30円です。これを10個売れば売上総利益は300円です。(図解3)

売上総利益を増やす方法は3つあります。

1、商品・サービス1個あたりの儲けを増やす。(販売価格を上げる。仕入れ値を下げる)

2、販売個数を増やす。

3、1と2、両方を増やす。

現在、ほとんどの企業で、原価(仕入れ)が上がっています。各企業、相見積もりを取るなどの努力をしていますが、全く追いつかない状

図解 3

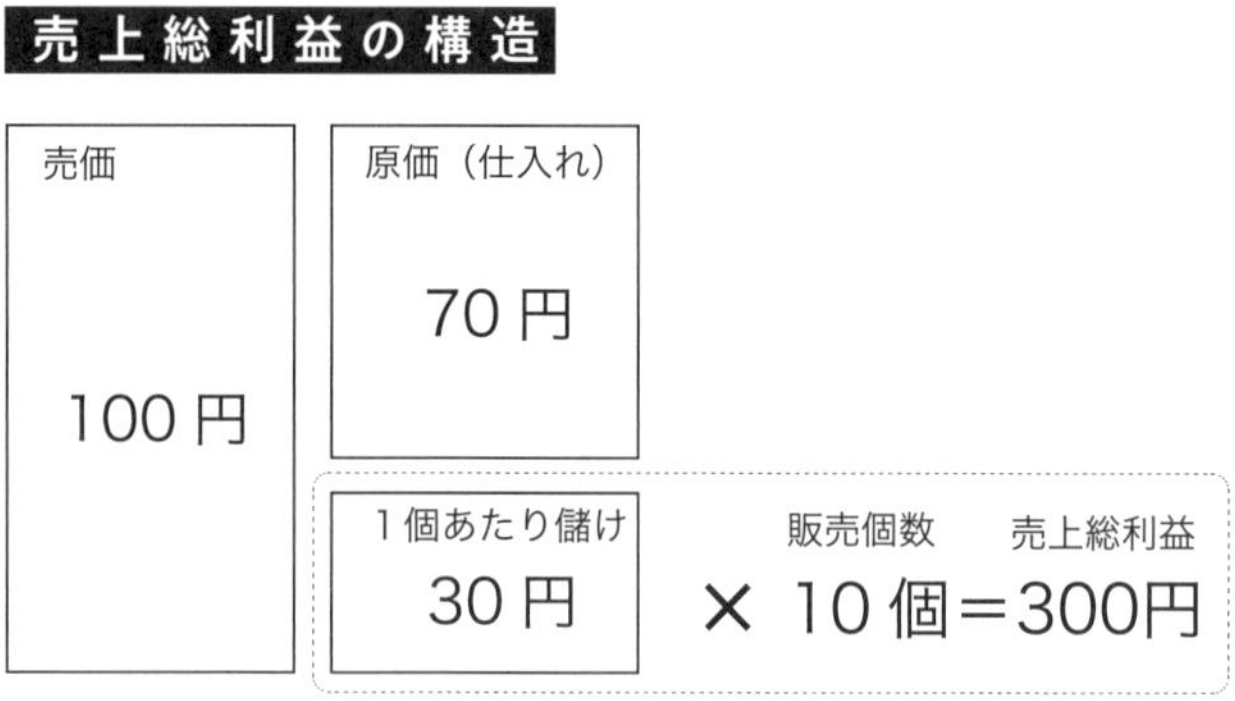

況です。

そこで、価格を上げたいところですが、単なる値上げは、顧客離れを引き起こす可能性があります。何らかの価値をつくった上で、価格を上げることが求められます。

一方、生活者の賃金が上がっていませんので、数が売れなくなりました。原価が上がり、商品・サービス1個あたりの儲けが下がったのに加え、販売個数も下がる。

つまり、売上総利益が下がるので、何も対策をしなければ、今後も賃金は上がらないでしょう。

売上総利益の稼ぎ方が、以前の高度経済成長期とは変わりました。高度経済成長期では、生活者はモノに飢えていました。

三種の神器と言われたテレビ、洗濯機、冷蔵庫をはじめ、生活者は欲しい物だらけ。旺盛な購買意欲と、人口増加に支えられ、大量生産・大量消費が始まり、経済が急成長しました。ひと通りのモノを手に入れても、生活者は満足することなく、よりスペックの高いものを欲し、買い替えを繰り返しました。

私の近所に住む高齢の商店主は、「昔は、朝、商品を並べておけば、夕方には売り切れていた」と当時を懐かしみます。モノがよく売れる、商売が楽しい時代です。

この時代に、売上総利益を稼ぐ秘訣は、「効率よくつくり、効率よく市場に流す」ことです。そのために一部のホワイトカラーがつくったシステムを、多数のブルーカラーが実行するという、一極集中型の管理法が主流になりました。企業が求める人材は、「基本的な読み書きそろばんができ、上が決めたことに従える者」でした。

こうした社会の要請を受け、義務教育では、先生の言うことを聞ける良い子、決められた手順通りに課題を解ける子を育てました。

企業内の労務管理体制は、**「アメとムチの使い分け」**です。手順通りに正しく作業をした者にはアメを、そうでない者にはムチを、という管理で上手くいったのです。

時代は成熟期に入り、状況が一変しました。現代の生活者はモノに満たされてしまったのです。

それを象徴するエピソードがあります。

友人たちから、こんな悩みを聞くことがあります。奥さんの誕生日に、何かプレゼントをと思い、「何が欲しい？」と聞くと「別に〜」という返事が返ってくるというのです。現代の生活者は、自分が欲しいものが分からないのです。そんな話題を、あるグループで話し合っていた時に、参加者の女性がこう言いました。

「妻に〝何が欲しい？〟って聞くことが、そもそもダメなの。普段から奥さんの行動を観察して、プレゼントを決めるのよ」

普段からコミュニケーションを取り、相手の関心に心を寄せることで、欲しいものが分かると言うのです。そして、プレゼントした時にこう言われるのです。

「うわ〜ありがとう！　こういうのが欲しかったの！」

私は、まさにこういうことが、企業にも求められていると痛感したのです。

現代の生活者は、決して、悟りの境地に達し、欲がなくなったわけではありません。ひと通りのモノが揃ったため、自分が欲しいものが分からなくなっているのです。

そんな時代において、茨城県で婦人服店を経営する私の友人が、お客様も気付いていない欲求を喚起した、素晴らしい実践を行いました。

同店が扱う猫の貯金箱を、ある時、店員さんが誤って落としてしまい、耳が欠けてしまいました。普通であれば廃棄処分です。

しかしオーナーは「一切の値引きなし」で売ると決めました。

あるポップ（商品の特徴などを書くカード）を手書きし、猫の貯金箱の横に置きました。


「私は猫です。3月3日のおひな祭りの日に交通事故にあい、耳を怪我してしまいました。でもお陰さまでもうすっかり元気になりました。ちょっとおっちょこちょいですが、冗談の分かる猫です。よかったら私の友達になってください」


すると、50代の女性が来店され、「これをください」と言いました。店員さんが「すみません、奥から新しいのを持ってきますので」と言うと、女性は「いやいや、これが欲しいのです。ついでに、このポップも付けてください」と、お買い求めになりました。手書きのポップと一緒に定価で。

仮に、この貯金箱の仕入れ値を1000円、売価を2000円とします。廃棄をした場合、１０００円の損失が出ますが、値引きせずに売ったことで１０００円の利益が出ました。その差は２０００円です。

私は、まさに、現代における商売の要諦が凝縮された事例だと感動を覚えました。

このお客様は一体、何を買ったのでしょうか？

モノ自体は欠損品で、価値は認めてもらえません。オーナーが書いたポップがなければ、到底、売れなかったでしょう。オーナーは欠損品に独自の価値を加え、お客様は、その価値を買ったと言えます。

お店が獲得した１０００円の利益は、自分たちが創造した**「付加価値」**と言い換えることができます。

私は、この事例を当社の社員に紹介し、独自のポップを考えてもらったことがあります。すると、ある社員からこんなアイデアが出ました。

「私は運が良い。先日、誤って高さ180センチの棚から落ちたのに、なんと、耳の欠損だけで済みました。私の強運をあなたに！」

この事例から学べることは、価値を創造すれば、値引きをせずに、適正な価格で販売し利益を出せること。お客様の「欲しい」気持ちに火をつけ、モノに満たされた現代においても、数量を売ることができること。そして、価値を創造する術はたくさんあるということです。

「売上総利益＝商品・サービス1個あたりの儲け × 販売個数」を体現した好例です。

このように、売上総利益の稼ぎ方が、モノを効率よく市場に流すことから、付加価値の創造へと大きく変わりました。付加価値の源泉は創造性です。

創造性が発動する組織づくりは、企業繁栄の生命線と言っても過言ではありません。

しかし、現実は非常に厳しいものがあります。

経済産業省が2022年5月に発表した、日本社会と企業が抱える課題と展望をまとめた、「未来人材ビジョン」というレポートがあります。これを読むと、創造性とは程遠い、日本企業の現実が見えてきます。

例えば、「日本企業の従業員エンゲージメントは、世界全体でみて最低水準にある。」という項目があります。

エンゲージメントとは仕事に対してのポジティブで充実した心理状態、働き甲斐を指します。これを世界と比較すると、日本はアメリカの7分の1、中国の3分の1、韓国の2分の1程度なのです。

創造性は、動機づけ要因が満たされた、働き甲斐のある職場で発動しますので、エンゲージメントの低さは由々しき問題です。

創造性を高めるためには、人材への投資も欠かせません。しかも、学べばすぐに効果の出るハウツーよりも、考え方や哲学、感性といった、手間と時間がかかる教育が必要になります。

私が社内研修を行った企業の例を紹介しましょう。

東京都江東区にある、一点ものの高級家具メーカー、「ニシザキ工芸株式会社」(西崎克治社長)です。同社は、研修の会場に美術館や庭園を選びます。研修が終わった後に、社員さんに入場チケットを渡し、芸術に触れる機会をつくっています。

同社の仕事には、非常に高い審美眼が求められます。高度な感性は、教科書を読んだり、講義を聞いたりしただけで習得できるものではなく、その世界に継続的に「浸かる」ことでしか習得できません。同社は、そのための機会をつくり、積極的な投資をしているのです。

しかし、「未来人材ビジョン」によると、多くの企業はそうではありません。投資家が、中長期的な投資戦略において重要視しているものが**「人材投資」**であるのに対し、企業側は**「設備投資」**と考えていることが浮き彫りになっています。いまだに、モノを市場に流すという発想が残っていることがうかがえます。

こうした課題を象徴する皮肉なエピソードがあります。

2012年10月19日付の日本経済新聞に、「iPhone5分解で見えた日本製部品の底力」という記事が載りました。「高機能化したその内部を見ると日本製電子部品が存在感を増している。」と、日本の技術力を誇る記事です。

しかし日本は、優れた部品をつくることができても、iPhoneのような付加価値の高い製品をつくることはできませんでした。10年が経ち、日本は世界と比べ、相対的に賃金が下がり、iPhoneを高いと感じるようになりました。実際に、ここ10年間で、日本円にして約3倍以上に上昇しています。そこに円安の追い打ちを受け、iPhoneは手軽には買えない代物になってしまったのです。

さらに皮肉に思うことは、スティーブ・ジョブズ氏は、ソニーの経営を参考にしていたという事実です。初めてiPodが発売された時には、「これは21世紀のウォークマンだ」と、周囲に自慢していたと言われています。

かつて、一部のクリエイティブな日本企業にあったものを、今の時代に合った形で再構築したいと私は考えるのです。

■賃金を増やすには、企業の売上総利益=付加価値をつくり出し、稼ぐ力を向上させることが必須。

■付加価値は、創造性から生まれる。

■創造性は、「仕事の行為そのものが愉しい」という働き方から発動する。

賃上げ実現のためには、「ロウソクの問題」を、報酬ではなく、純粋な興味で解いた「Bグループ」のような働き方ができる風土をつくる必要があります。

賃金を増やすには、社長の「分配への恐れ」の解消が欠かせない

賃上げを実現するためには、他にも解決すべき課題があります。先行きが見えない不安定な時代では、利益が出ても、社長、特に中小企業経営者が賃上げをためらうという課題です。

２０２２年6月に、とある中小企業経営者が、「会社経営して利益も出してる私が賃上げをしない理由」というタイトルの匿名ブログを書き、その内容に共感が集まり拡散しました。冒頭部分を原文のまま紹介します。

私は年商数億・利益数千万・社員20人~30人の中小企業を経営してる。業態は身バレのために言わないが原価のかかるものを販売してる。昨今のインフレの話もあり賃上げを検討してるのだがどうしても踏み出せない。その一番の理由は人件費が完全に固定費だから。利益というものは季節変動や原価率の変動によく振り回される。最近

では月単位で赤字に落ちる月もあった。そんな中、日本では驚くほど人を辞めさせるのが大変だ。退職金を積んだとしても常に訴訟リスクがつきまとう。正社員の減給もかなり骨が折れる。そのため社員の人件費は一度積んだら下げられない、辞めさせられない。

私も同じくらいの規模の会社を経営してきたので、この方の気持ちがよく分かります。私が知る限り、ほとんどの社長は、社員の賃金を増やしてあげたいと思っています。しかし、怖いのです。

業績が悪くなったからといって簡単に辞めさせることはできません。一度上げた賃金を下げることもはばかられます。実際に賞与を下げたある企業では、社長が社員に「申し訳ない」と謝っていました。

見通しが明るく希望が持てた時代とは違い、今の時代では、社長の気持ちが守りに入り、賃上げを躊躇するのは無理もないことだと思います。

事実、2000年度と2020年度の法人企業統計調査を比較すると、大企業では

図解 4

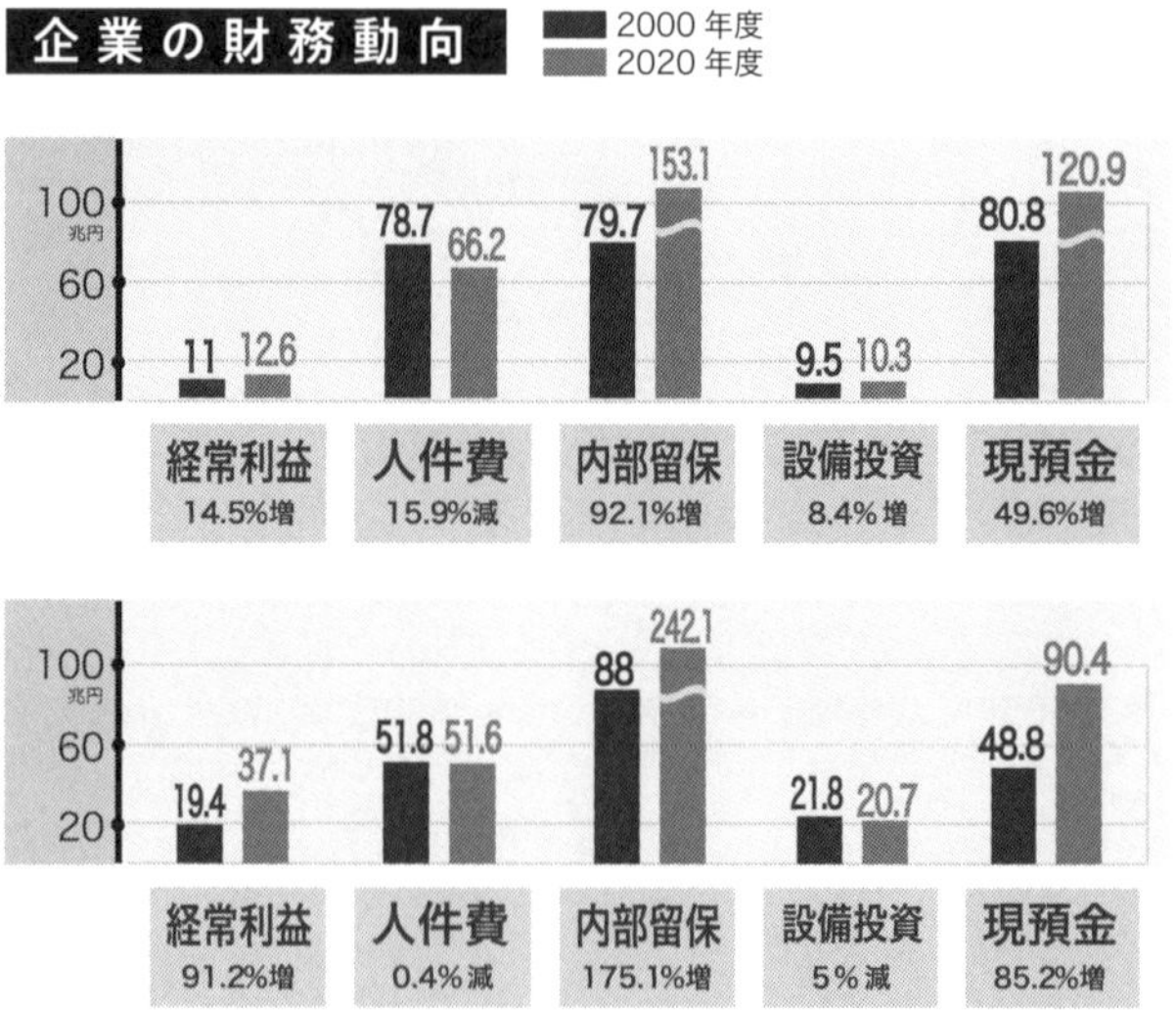

財務省：法人企業統計調査より

経常利益は91・2%増、人件費は0・4%減、内部留保は175・1%増、設備投資は5%減、現預金は、85・2%増、となっています。

中小企業では経常利益は14・5%増、人件費は15・9%減、内部留保が92・1%増、設備投資は8・4%増、現預金は49・6%増という結果です。（図解4）

利益が賃金に分配されず、現預金としてストックされていることがうかがえます。

私にも、賃上げを躊躇した経験があります。

私が新聞店を継いだのは1995年です。同年はWindows95が発売され、インターネット時代が幕開けした年です。そんな中、アナログ業種の代表格である新聞店を継いだのです。大学を卒業したばかりの若造が社長になった理由は、先代である父の急逝でした。

当時から若者の新聞離れが起きており、私は、これから業界が衰退することを肌で感じていました。しかし、新聞に代わるビジネスモデルもなく、希望を見出すことができずにいました。

そんなある日、確か忘年会の席だったと思いますが、ある古参社員が私に言いました。「なあ新社長、しっかり舵取りをしてくれよ。なんせアンタの両肩に俺たち40人とその家族の生活がかかっているんだからな」

私の若い感性が、一瞬で硬直するほどの重い言葉でした。

「なんとかせねば」と、新聞に代わるビジネスモデルを真剣に考えるようになりましたが、同時に、イザという時のために、お金を貯める必要があると考え、賃上げをためらうようになったのです。

利益が分配されないのは、社長がケチなわけではなく、むしろ、社員を守らねばという責任感からなのです。先行きが見えない状況において、社長が、賃上げの抵抗から開放されるためには、業績（売上総利益）に応じて賃金が上下する賃金制度が必要になります。

賃金制度を導入するためには、従来のトップダウン型の仕事の進め方を根本から変える必要があります。

トップダウン型の場合、社長が決めたことを社員が実行するというスタイルで仕事を進めます。このスタイルで業績が下がり、賃金を下げれば、社員が「社長に言われた通りに頑張ったのに」と不満に思うのは当然です。それを言われたら社長も弱ってしまいます。

社長にも正解が分からない上に、変化が激しい時代では、社員が意思決定に積極的に参画する経営が求められます。社長が1人で考え、決めるよりも、豊かな知恵がスピーディに出ますし、物事を自分事と捉え、実行力が高まります。

その結果、社長は1人で抱え込む孤独から開放され、利益分配への精神的負担が軽減されます。

社員が意思決定に参画するということは、社員が業績に影響を持ち、賃金は業績の上下に連動します。

業績が下がった時に賃金を下げることができれば、良い時には上げることができるのです。

業績で賃金が決まる仕組みをつくると、賃上げ目標額から、それに必要な売上総利益目標を逆算することができます。

社員にとって、この目標は自分事です。高い目標に挑戦する意欲も高まります。賃上げを、企業の稼ぐ力を高める原動力にすることができるのです。（賃金の仕組みに関しては、第4章で詳しく解説します）

図解 5

指示ゼロ経営の行動サイクル

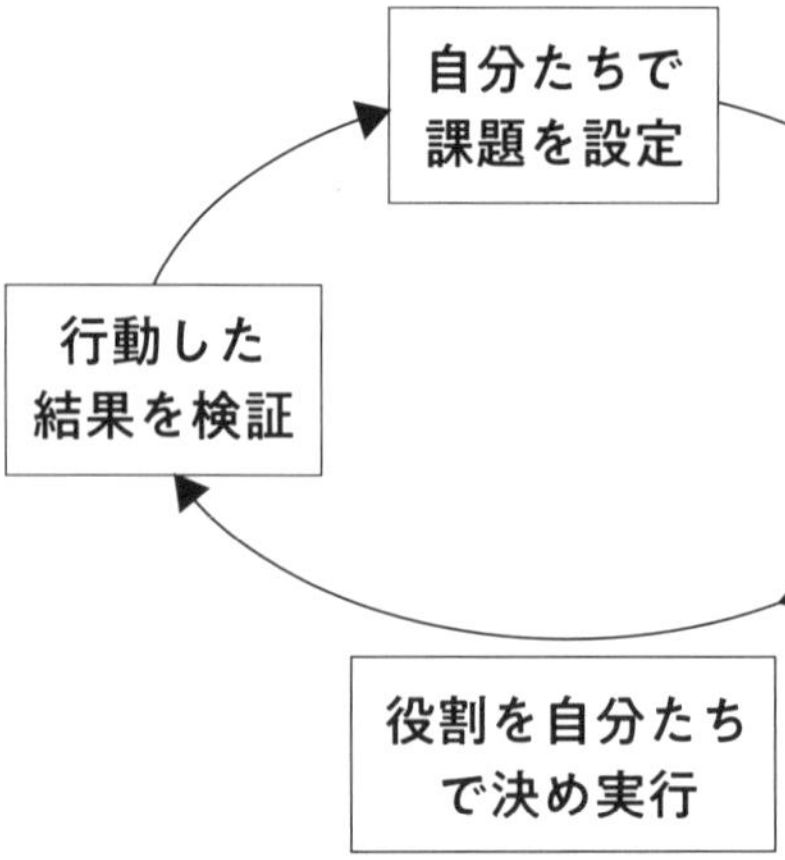

こうしたことが、私が提唱する「指示ゼロ経営」の導入に成功した企業で起きています。

指示ゼロ経営とは、社員が意思決定に参画する経営です。（図解5）

社長や上司から指示命令されずとも、「自分たちで課題を発見し、知恵を出し合い、役割分担を決め、行動し、行動の結果を振り返り、次の行動を考える」という一連を、素早く行える自律型

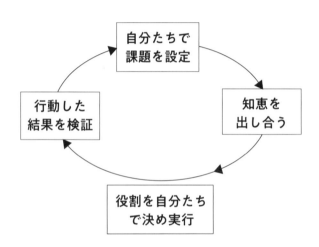

組織です。

ハーズバーグの「動機づけ要因」を満たした、働き甲斐を生む組織形態です。

私は、約20年間、自分の会社で指示ゼロ経営を実践する中で、また、数多くの企業で導入のお手伝いをしてきた中で、指示ゼロ経営を導入した企業で、賃金が増えるという現象を確認しています。

そのプロセスは次の通りです。

1、自律的な働き方、かつ、素晴らしいチームワークにより、働き甲斐が高まり、仕事が愉しくなる。愉しいとは、「気付けば仕事に没入し、あっという間に時間が過ぎ去っていた」という感覚を指します。いわゆる「フロー」や「ゾーン」に近い状態です。
2、愉しんで仕事をした結果、豊かな創造性が発揮される。
3、創造性が発揮された結果、付加価値が生まれ、業績が良くなる。
4、社長は、1人で抱え込むことがなくなり、賃上げへの抵抗が軽減するとともに、業績に連動した賃金制度により、利益が適正に分配され、社員の賃金が、役割に見合う水準に上がっていく。

社員にとって、こうして手にした賃金は、上から与えられたご褒美ではなく、〝自分たちでつくり出した〟という実感を得ますので、さらに仕事が愉しくなり働き甲斐が高まります。このように、企業の稼ぐ力と社員の賃金が、相乗効果的に向上していくという好循環が生まれるのです。

第1章の最後に……指示ゼロ経営の導入に成功した企業から、頻繁に聞かれる言葉があります。

「この仲間とだったら何でもできる」

経済成長が希望を担保してくれない時代の、「新しい希望」のあり方だと思います。

第1章のまとめ

▼賃上げだけでは、社員の自発性も創造性も高まらない。それどころか、賃上げを「ニンジンをぶら下げる」発想で使うと、これらは破壊されてしまう。

▼賃金は売上総利益で決まる。

「売上総利益＝商品・サービス1個あたりの儲け×販売個数」

売上総利益を増やすためには、創造性が活性化する、「仕事の行為そのものが愉しい」という企業風土が欠かせない。

▼社長の「分配への恐れ」を解消する。トップダウン型経営では「決めるのは社長、実行するのは社員」という構図で仕事を進めるため、社長は、イザという時のために利益をストックする心理になる。社員が意思決定に参画するとともに、業績に連動した賃金制度を導入することで、賃上げへの心理的抵抗が軽減される。

賃上げ目標額から、それに必要な売上総利益目標を逆算することができ、賃上げを、企業の稼ぐ力を高める原動力にすることができる。

▼指示ゼロ経営により付加価値が生まれるとともに、社長の孤独が軽減されることにより、賃上げが実現する。

第 2 章

利益が上がる、
利益の分配が起きる、
「指示ゼロ経営」

自律型組織「指示ゼロ経営」の活動様式

本章では、指示ゼロ経営の考え方と、組織の形態、効果について解説します。

指示ゼロ経営では、チーム単位で課題に取り組みます。

その活動様式を、当社の新聞配達のチーム（約30人）の例で説明します。

新聞配達には配り間違いがつきものです。

当社が指示ゼロ経営になる以前は、全体で月に10件〜15件ほどの配り間違いがありました。配り間違いが多い配達員には、上司が目標を与え、一対一の指導を行うのですが、一向に配り間違いは減りませんでした。

指示ゼロ経営を導入してからは、みんなで話し合い、「チーム全体で、配り間違いを月に5件以内に収めよう」と全体目標を設定しました。その上で、指示ゼロ経営の、**「共創・協働の仕事の進め方」**を行います。**（図解6）**

図解 6

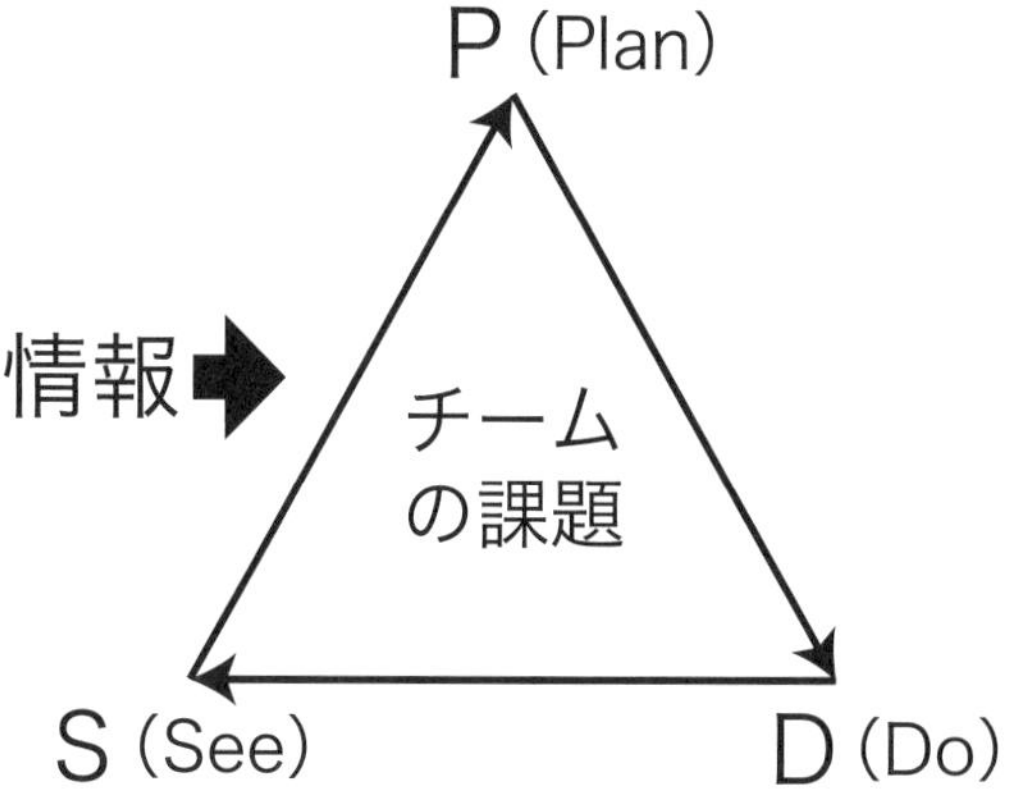

三角形の頂上にある「P」は、Plan(計画)を意味します。指示ゼロ経営では、チームの目標に対し、みんなで知恵を出し、目標達成の計画を立てます。

新聞配達の事例では、30人全員が集まり、配り間違いが少ないベテランのやり方を分析し、それを参考に、一人ひとりが自分の配り方を考えました。

次に、三角形の右下「D」は、Do(実行)です。計画を立てることは大切ですが、実際にやってみないと分からないことがあります。逆に言うと、やってみれば分かることがあるということです。指示ゼロ経営では、大まかな計画を立てたら、できるだけ早く実行します。

ＤＯの次、左下の**「Ｓ」**は、**See（検証）**です。行動した結果から分かったことや、計画修正の必要性の有無を検証します。

そのためには、自分たちが行動した結果を客観的に確認できるように、情報公開がなされている必要があります。情報公開をしなければ、次の「Ｐ」を立てることができません。

指示ゼロ経営は、**「人は指示命令ではなく、情報をもとに、自ら意思決定する」**という考え方で運営します。

当社では、新聞の配り間違いの情報や、個々のスタッフの工夫など、様々な情報を収集し、社内報や勉強会で全員に公開しています。

このように、チーム単位で、成功するまで粘り強くＰＤＳを回し続けるのが、指示ゼロ経営の仕事の進め方です。

計画力よりも、「修正力」がものを言う時代

正解がなく、変化が激しい時代では、「綿密に計画を立て、計画通りに進める」と

いう方法が通用しません。

私に寄せられる相談の中にも、このことに起因するものが多くあります。典型的な相談は、「計画を立てたは良いが、その通りに進まず、修正しようと思っても、そんな時間もなく、気付けば絵に描いた餅に終わってしまう」というものです。

当社にも経験があります。1995年にWindows95が発売されて以降、社会は急速にIT化が進みました。しかし、新聞業界は、「まさかニュースをパソコン画面で読む人は少ないだろう」と高を括っていました。ところが、スマートフォンの登場で状況が一変したのです。

そんな状況下で、私は計画通りにいかないじれったさを痛感しました。

毎年、決算直後に、決算報告と、本年度の経営計画発表会を行ってきました。計画は私が1人でつくりました。A4用紙20ページ分という、非常に情報量が多く綿密なものです。

しかし、計画通りに進んだためしはなく、すべて絵に描いた餅に終わりました。

原因は2つあります。

1つは、経営計画＝「P」に社員が参画していないので、他人事になっていたことです。もう1つの原因は、計画が綿密過ぎて、修正に手間がかかり過ぎたことです。つくり替えるとなると、2週間～3週間ほどかかります。ある年など、修正を繰り返していたら決算月になっていたこともありました。計画重視の経営は、今の時代には向かないことを、身をもって体験したのです。

今の時代は、**「計画力よりも修正力」**がものを言います。方向性と大まかなシナリオ「P」を決めたら、できるだけ早く、「D」（行動）し、素早く「S」（検証）し、次の行動を「P」するという修正力が求められます。「やっては直し、やっては直し」……PDSの高速回転ができるチームをつくることです。

人と組織の成長を阻む諸悪の根源

私は、多くの組織を見てきた中で、PDSが上手くいかない組織には、**『余分な線』**があることに気付きました。『余分な線』とは、PDSの三角形に入っている、斜め

図解 7

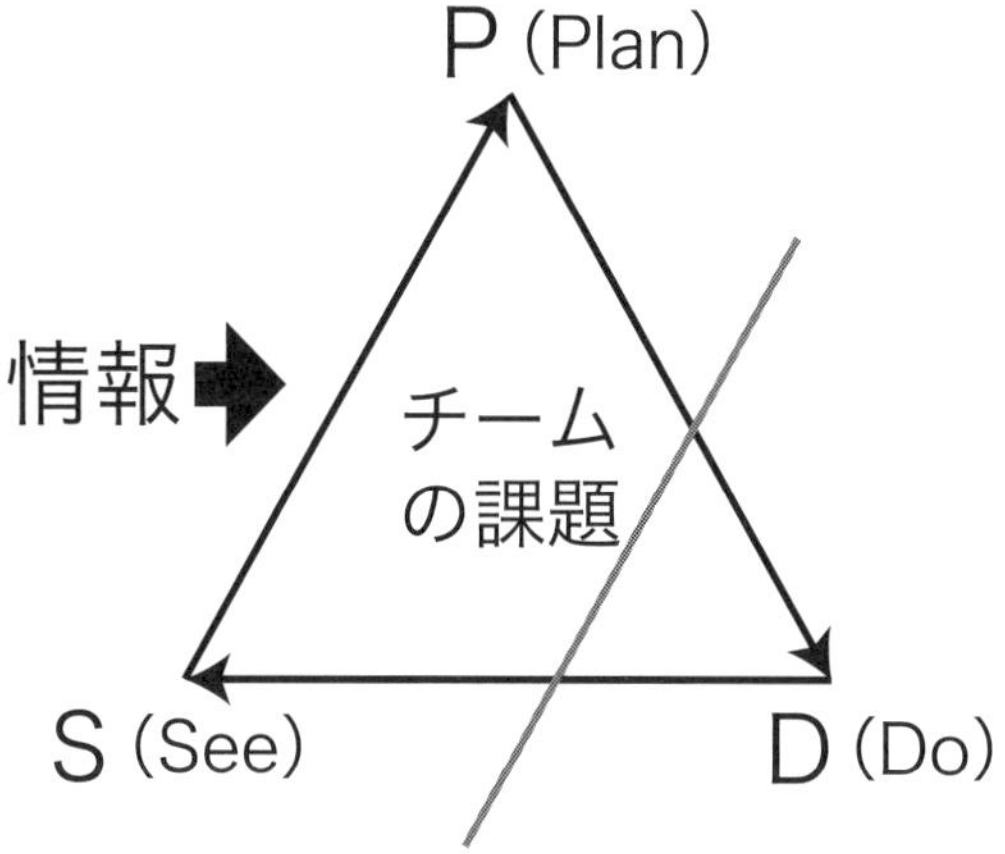

の線です。（図解7）

この『余分な線』は、企業でも、学校でも、家庭でも、至るところに存在します。

人とチームの成長を阻害する諸悪の根源です。

例えば、家庭において、「子どもが学校から帰ってくると、宿題をしないでゲームばかりしている」という問題を抱えているとしましょう。

この時に、「P」計画を立てるのは大抵、親です。子どもは計画に参画せずに、親が考えた「P」を「D」……やらされます。

人は、計画に参画しないと物事を自分事にしません。自分事にしないと行動は変わりません。相変わらず帰宅するとゲームを始めてしまいます。その様子を、親が「S」検証し、新たな「P」を立て、子どもにやらせるのです。

PとSをする側と、Dをやらされる側とを分断する『余分な線』がある以上、一人前には育ちません。PDSをワンセットにして、責任を持ってやってもらうことが、一人前に育てる最良の方法です。

相手を一人前として扱わない限り、一人前には育たないのです。

また、前章で述べたように、『余分な線』は、社長が賃上げを躊躇する原因でもあります。

私は、PDSのワンセットを**「ひとしごと」**と呼び、「ひとしごと」ができる人を、**「仕事の主（あるじ）」**と呼んでいます。仕事の主は、高い働き甲斐を持って創造的な仕事をします。

指示ゼロ経営では、「ひとしごと」をチーム単位で行います。

「P」……「三人寄れば文殊の知恵」を出す。
「D」……自分たちで役割分担を決め、協働する。
「S」……全体と、一人ひとりの進捗を、みんなで確認する。

みんなでPDSを回し協働することで、メンバーは、自分の居場所、仲間への感謝と尊敬、挑戦する愉しさ、成長の悦びなどを得ます。

こうした蓄積が、**「愉快でワクワク働ける風土」**をつくります。

豊かな創造性が発揮され、顧客が喜ぶ価値が生まれます。

顧客は、受け取った価値を**「心のごちそう」**として返してくれます。「心のごちそう」とは、お客様や仲間からいただいた感謝の言葉などを指します。

心のごちそうを栄養に、さらに豊かな風土が醸成され、次の行動のエネルギーが生まれるという好循環が生まれます。

こうして、**「モチベーションと創造性の再生産システム」**が稼働するのです。(以降、『再生産システム』と表記します)（図解8）

※「心のごちそう」とは私のメンターである、「ワクワク系マーケティング実践会」の主宰者、小阪裕司先生から教わった概念です。（小阪裕司先生は「魂のごちそう」と表現しています）

「心のごちそう」は、顧客からだけでなく仲間から受け取ることもあります。上司にとっては、部下の成長が何よりの「心のごちそう」だと思います。

心のごちそうは、指示ゼロ経営を成功させるために欠かせない要件です。『再生産システム』を回し続けるエネルギー源だからです。

心のごちそうがない状態で、いくら優れたハウツーを導入しても、やがて、ＰＤＳを回し続けられなくなったり、人間関係に歪みが生じたりして、行き詰まってしまうでしょう。

図解の中にある絵はエンジンです。

指示ゼロ経営は、『再生産システム』のエンジンに火がつくまで時間がかかり、じれったい思いをしますが、一度エンジンが回ると、ＰＤＳを回し続け、自律的に成長

図解 8

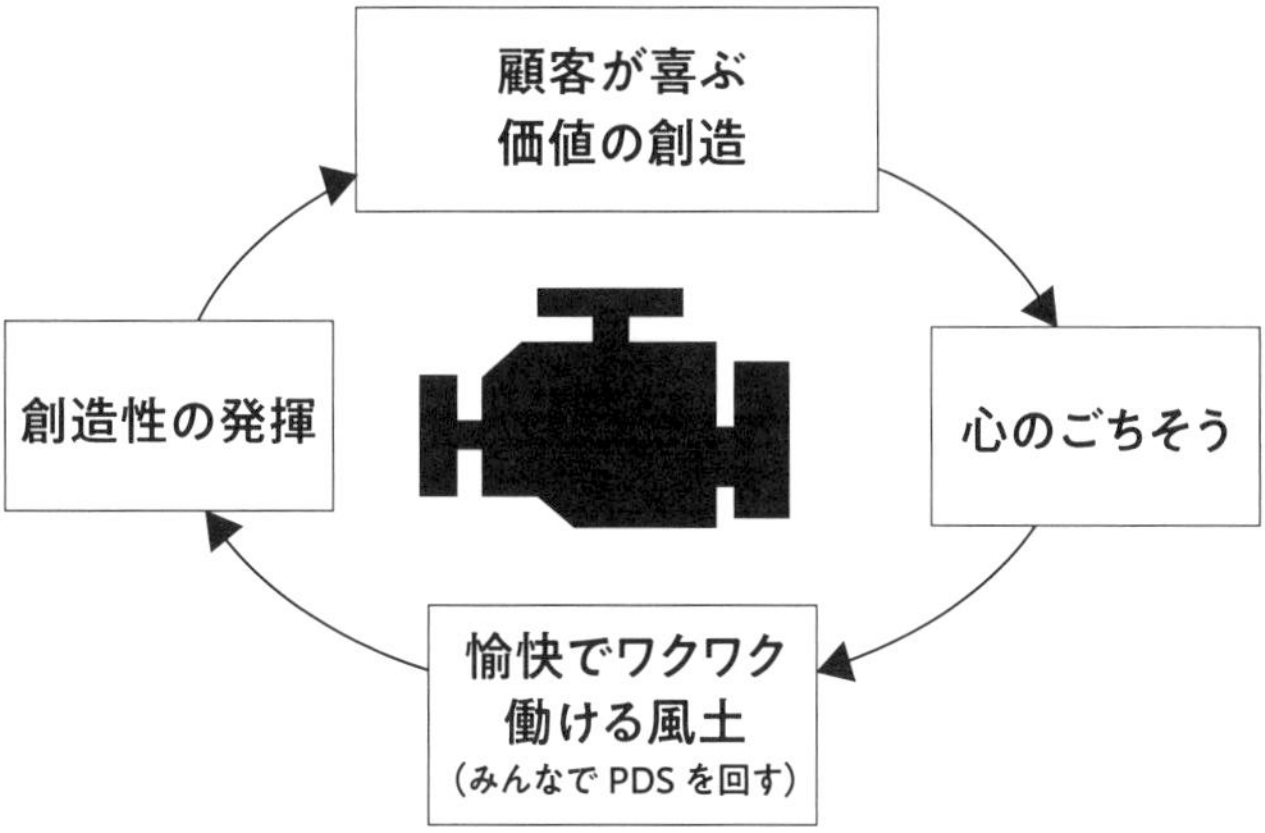

します。当社で、エンジンがかかってからは、私は、一度たりとも社員のヤル気を引き出すということをしたことがありません。

褒めることも叱ることもしません。ただ、感謝と悦びを伝えるだけです。『再生産システム』にエンジンをかけることは、口で言うほど簡単ではありません。

相当な意思と根気を要します。

仕事が失敗に終わる時とは、ＰＤＳを回すのをやめた時です。ＰＤＳを回し続けられるチーム体質をつくることは、企業の繁栄にとって、最も重要な要件なのです。

指示ゼロリーダーの、チームへの関わり方

従来型の組織では、上司と部下が一対一でつながり、「報・連・相」を繰り返しながら仕事を進めます。上司には、目標設定、問題提起、指導、進捗確認、モチベート（ヤル気を引き出す）など様々な役割が課せられます。

私は、これらの役割を完全にまっとうしている上司に会ったことがありませんし、この関わり方に限界を感じています。

今は、プレイングマネージャー（自分の仕事を持ちながら、部下や組織を管理するマネージャー）が多く、部下と関わる時間がなかなか取れません。

仮に、部下が5人いて、1日あたり1時間、部下と関わる時間があったとすると、部下1人あたり、平均12分しか取れません。実際は、問題や悩みを抱えている部下に多くの時間が割かれますので、ほとんどの部下が、全くと言っていいほど、関わってもらえていないのが現状です。

上司にも正解が分からない課題が多くあります。

「どうすれば、おもてなしができるようになりますか？」と相談されても、「その時の状況による」としか答えられません。

逐一、上司に相談していたら時間もかかってしまいます。

上司が主導してＰＤＳを回すと、変化に巻き込まれる形で、部下が疲弊してしまいます。そして、こう言います。

「上司がまた違うことを言い出した。一貫性がない」と。

私は、変化に翻弄されたコロナ禍において、このような場面を多くの企業で見てきました。

上司は、会社を良くしようと思い、一生懸命にＰＤＳを回しているのに、それにより信頼を失い、人間関係が悪くなるという不条理が起きる可能性があるのです。

指示ゼロ経営では、チーム単位で課題を持ち、ＰＤＳを回すので、これまで上司が一手に担ってきた役割がチーム内に埋め込まれます。

『余分な線』が排除され、部下は、自分たちで変化をつくり出す、「仕事の主」にな

図解 9

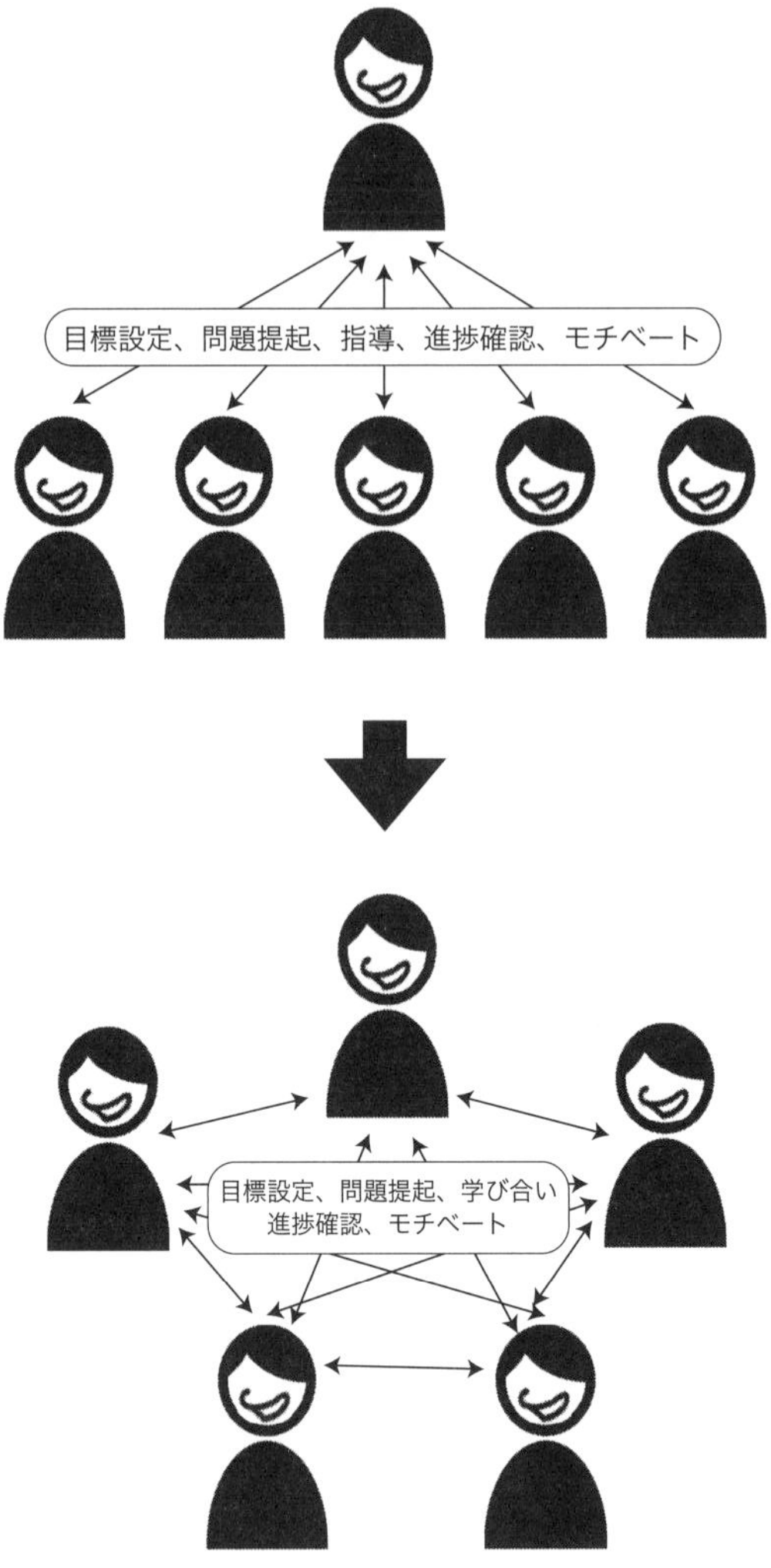
目標設定、問題提起、指導、進捗確認、モチベート
目標設定、問題提起、学び合い
進捗確認、モチベート

るのです。（図解9）

それに伴い、上司の、部下への関わり方が変わります。

①「上司がチームの中に入り、一緒にPDSを回す」というスタイル。

小さな会社や、まだ十分にチームが育っていない場合、この関わり方をお勧めします。注意点は、気付けば上司が仕切っていた、上司1人だけが喋っていた、ということにならないように気を付けることです。

②「上司はチームの外にいて関わる」というスタイル。

組織規模が大きい場合、あるいは、上司が研修に出たり、人に会ったり、新しい飯の種を探しに行ったりと、現場から離れる必要がある場合に適しています。

注意点は、①の関わり方を十分に行い、チームがしっかりと育ってから離れることです。離れても、しっかりと関心を持ち、関わりましょう。無関心になるとチームは求心力を失い、自律できなくなります。定期的に仕事の進捗を確認し、必要に応じ①のスタイルで、一緒に考えることが大切です。

部下の1人に、チームの代表者になってもらい、マメに進捗の連絡をしてもらうと良いでしょう。ただし、代表者はあくまで、「連絡の代表者」です。上司を説得したり、逆に上司の代わりに他のメンバーを説得したりという交渉役ではありません。

代表者から連絡を受け、上司がチームと対話する必要があると判断した場合、一時的に①のスタイルを取ります。

指示ゼロリーダーは、上手に離れチームを自立させる

チームが育つと、上司が職場にいなくても業務は回ります。出張中に携帯電話は鳴らなくなります。上司の中には、これを誇らしげに語る方もいます。人によっては、「完全に任せているから、会社のことは何も分からない」と自慢する方もいます。

しかし、多くの場合、上司が思っているほどチームは育っていません。

平常時は良いのですが、ちょっと問題が起きるとガタガタになりますし、日常業務以上の仕事を推し進めることはできません。

よく、社長が出張などで行脚している間に会社がおかしくなった、という話を聞きますが、まだ十分にチームが育っていないうちに離れてしまったためです。チームが地に足をつけて、PDSを回し続けられるようになるまでには、早くて3年、通常5年~7年、当社にいたっては10年もかかりました。

大切なことは時間がかかるものです。

秘伝のタレのように、「継ぎ足し、継ぎ足し」で、じっくりと時間をかけることが重要です。継ぎ足しとは、PDSの繰り返しです。

まずは、①の関わり方を、時間をかけて行うことです。

チームが十分に育っていないうちは、自分たちで課題を設定することができないかもしれません。その場合は、上司が課題を設定します。

その際、「なぜこれが課題なのか」と理由を添えること、そして合意を得るまで、丁寧な対話をすることが大切です。

課題が決まれば、次は、「P」を行います。

みんなで話し合う時に、多くの方が、部下との関わり方に悩みます。「あまり喋らない方が良いのか？」「教えちゃいけないのか？」「率先してアイデアを出しちゃいけないのか？」と。チームの自律性を信頼し見守ることが、上司の最も重要な役割です。主導をしたり、答えを与えたりせずに、必要なサポートだけを行うことです。

サポートには次のラインナップがあります。

◎励ます

発言したメンバーに対し、「頷く」「発言に対する感謝を伝える」といったプラスのメッセージを投げかけます。

◎発言を促す

発言が一部の人に偏ったら、別のメンバーに、「◯◯さん、何か考えはありませんか？」と意見を求めます。

◎整理する

話し合いが混乱したら、考え方を整理します。会議が混乱するのは、今、何について話し合っているのかが整理できなくなるからです。

話し合いは、「何を」（現状）→「何に」（理想）→「どの様に変えるのか？」（方法）の3つのステップで進めることが基本です。

混乱する時は、大抵、人によって違うポイントについて発言しています。そんな時は、例えば、「今は理想の状態を描いているんだよね？」とポイントを整理します。

◎事例を紹介する

話し合っているテーマに関して有効な事例があれば紹介します。

次の段階は、上司が行ってきたサポートを、上司以外の誰かが行えるように促すことです。「上司以外の誰か」とは、特定の誰かではなく、気付いた人が、必要な役割を担うということです。

上司がサポート役から外れると、最初のうちは会議がスムーズに進まないかもしれません。

しかし、その要因が何であるかは、自分たちが一番分かっています。例えば、「交通整理をしなかったから発言が偏った」「話し合うポイントがバラバラだった」などというように。

要因が分かれば、自分たちで対策を立てることができます。こうして、徐々にチームが育っていき、気付けば上司は、「その場にいるだけ」となります。そうなって初めて、チームから離れることができるのです。時間をかけて育てましょう。

コツは「急がば回れ」です。

ケーススタディ

現場の、素早く創造的なPDSが会社を救った

大阪市に、「名和株式会社」(名和史紘社長)という、劇団やテーマパーク、プロ球団チアの特注コスチューム、アスリートや女性用のスポーツウェアを企画製造しているメーカーがあります。社員数は34名。5つの部署があり、社長は②のスタイル(上司はチームの外にいて関わる)を取っています。

2017年に社長交代したのを機に指示ゼロ経営に取り組み、確実にチームが成長しています。

2020年、コロナ禍に入り、みんなが集まってのスポーツやイベントができなくなり、既存事業の受注がゼロになりました。

名和社長は、パンデミックが長期化することを予想し、資金繰りに走りました。正しい判断です。しかし、先行きが全く見えない状況で、非常に大きな不安を抱えていました。

そんなある日、社員さんから突然の呼び出しがありました。

「社長、サンプルをつくってみたから見て」と言うのです。聞くと、「みんなマスクがなくて困ってるやんか。うちの生地でつくって、みなさんが買いやすい値段で製造してみたいねん」とのこと。

社長が資金繰りで奔走している間に、社員さんが自発的にミーティングを開き、このアイデアが出たそうです。

同社には優秀なデザイナーがいますし、長年使っていた質の高い素材があります。

ただのマスクではなく、小顔効果、保湿効果、着け心地がいい、柄がユニーク、など様々なマスクを発案し、２０２０年４月には販売を開始しました。

この時期は、マスクが品薄になり、インターネット上で高額で取引されていました。政府がマスクの配布を始めましたが、スムーズに配布できず、混乱していた時期でした。そんな中で、どこよりも早い対応をした同社を多くのメディアが取り上げました。

結果的に、パンデミック発生から約1年間で、10万枚以上を販売しました。トップダウンで物事を決めていたら、このようなスピード感も、斬新なアイデアも生まれなかったでしょう。

成功体験を得ると、チームは、さらに自律的に行動するようになります。２０２２年5月には、女性社員さんを中心としたプロジェクトチームが、女性特有の健康課題を解決するためのフェムテックブランド「Kwom（コム）」を立ち上げました。持続可能なモチベーションの『再生産システム』が完全に稼働したと言えるでしょう。

同社は、名和史紘さんが、3代目として社長に就任してから、根気よく指示ゼロ経営に取り組んできました。

取り組みの一環として、毎年、決算報告会を開催しています。参加は任意です。先代の社長は、決算の数字は、絶対に他人に見せない人でした。そのためか、社員さんの関心は薄く、初年度は1人しか参加してくれなかったと言います。

しかし、名和社長は、その1人に真剣に向き合いました。翌年は、その1人が仲間を誘って参加者は数名になりました。さらに3年後には、ほぼ全員が参加してくれるようになりました。

名和社長は、就任時に、1人で背負い込んでいたものを1つずつ下ろし、社員さんと共創する経営を地道に進められています。

「3人の役者」が揃うとイノベーションが起きる

「P」（計画）で、三人寄れば文殊の知恵を生むための実務を解説します。

まずは、次の4つのチーム形態を知る必要があります。

◎独裁型

社長や上司、あるいは一部のメンバーが仕切っている独裁状態です。

独裁者がAと言えばAで決まってしまいます。この形態でも、独裁者が天才であれば、飛躍する可能性があります。しかし、どんな天才も、ずっと正解を示し続けることはできません。

また、例の『余分な線』が入っていますので、部下は常に、「やらされる」になります。現場の自発的な行動や創造性は期待できず、チームのあり方を変える必要性に迫られるのは時間の問題です。

◎村社会型

日本的組織の代表とも言える形態です。村社会的なチームでは、Aでもあり、Bでもあるという、無難で誰も反対しない代わりに、何の斬新性も面白みもない意見、アイデアしか出ません。

会議では、メンバーが下を向いて黙っています。あまりに盛り上がらないので、一人ひとり、順番に意見を求めますが、結局、無難なひとことを言って、一周して終わります。ちゃんと話し合わないので、最後に多数決をとることが多いのも特徴です。

独裁型と村社会型には共通項があります。

それは、**「三猿」**です。三猿とは、日光東照宮にある3匹の猿で、両手でそれぞれ、目・口・耳を隠し、「見ざる」「言わざる」「聞かざる」を表現しています。

独裁型と村社会型のチームがまさにこの状態です。

問題があるのに「見ない」でフタをしてしまう。言うべきことを「言わない」で流してしまう。他人の意見を「聞かない」で話を進めてしまうという状態です。

これでは三人寄れば文殊の知恵は出ませんし、有効なチームワークをつくることもできません。三猿状態に陥っていたら、一刻も早い対策が必要です。

◎混沌型

チームが三猿状態から脱すると、一時的に混乱や対立が生まれます。一見すると悪くなっているように見えますが、三猿状態に比べればはるかに良い状態です。問題を直視するから、言うべきことを言うから、仲間の意見を聞くから、混乱するのです。

しかし、この状態から脱却できないと、人間関係が壊れ、チームが分断する危険性があります。自由に発言しながらも、分断しない関係性をつくる必要があります。

そのためには、自分たちの思いやビジョンなどを共有し、目指す方向性を定めなければなりません。その実務に関しては次章で解説します。

◎創発型

三人寄れば文殊の知恵を生むチームです。

フラットな関係性で成り立ち、心理的安全性が高く、自由に発言できる風土があります。『再生産システム』が発動し、自律的にPDSを回し続け、高い付加価値を創造します。AでもBでもない、誰も想像だにしなかった、全く新しいCというアイデアを生み、イノベーションを起こす可能性を秘めています。

次に、創発型のチームが、イノベーションを起こすプロセスを解説します。

創発型のチームでは、安易に多数決はとりません。イノベーションは、たった1人の「変わり者」の斬新なアイデアを、多数派が認めた時に起こります。

みんなが自由に発言をする中で、誰かが面白いアイデアを口にして、そのアイデアに「フォロワー」が付き、対話を重ねるうちに賛同者が増え、最終的に全員の合意が生まれます。アイデアを形にするためには、実務家である「縁の下の力持ち」の存在も欠かせません。

イノベーションは、「変わり者」、「フォロワー」、「縁の下の力持ち」の三役が揃った時に起きるのです。

きっとあなたにも、斬新なアイデアが生まれた瞬間に立ち会った経験があると思います。そういう場の特徴は次のようなものではないでしょうか。

・上下関係が薄く、立場（肩書）を意識しないフラットな場
・自由に発言できる雰囲気
・失敗しても、責任を追及されない文化

斬新なアイデアは、飲み会などの非公式の場で生まれることが多いと思います。

以前、東洋経済オンラインに、バルミューダ株式会社の創造性を称える記事が載りました。同社の、1台2万円以上もするトースターの開発秘話からイノベーションを学ぶことができます。

同社はある日、近所の公園でバーベキュー大会を行いました。ある若い社員さんが炭火でトーストを焼いたところ、中身はしっとり、外側がカリカリのおいしいトーストが焼けたそうです。それを食べた社長が、「こんなトーストが焼ける、世界一のトースターをつくろう」と言い、開発が決まりました。

それから、試行錯誤を繰り返し、実に5000枚ものトーストを焼き、一番おいしい焼き方のアルゴリズムを突き止めたのです。

この事例を、「変わり者」「フォロワー」「縁の下の力持ち」の三役で説明します。まず、「変わり者」に当たるのは、若い社員が炭火で焼いたという「偶然」です。その社員さんは、製品開発の意図を持って焼いたわけではないので、本人が変わり者だったわけではないと言えます。

偶然の出来事からイノベーションが起きることはよくあります。ノーベル賞の受賞者がインタビューなどで答える、「この発明は、偶然の失敗から生まれた」というものです。

「フォロワー第1号」は社長です。

「世界一のトースターをつくろう」という声により、偶然の出来事が表舞台に乗りました。同社の場合、影響力があるトップがフォロワー第1号でしたので、フォロワー第2号、第3号は名乗りやすかったと推測します。

私は、社内で影響力がある立場の方は、積極的なフォロワーになって欲しいと願います。ガチガチのヒエラルキー組織では、影響力がある役職者、特に中間層が斬新なアイデアを、「前例がない」という理由で潰してしまうことが多くあります。

これではイノベーションは起こりません。

フォロワーが一定割合を超え、チームの合意ができると、いよいよプロジェクトが立ち上がります。ここで重要な役割を担うのが、「縁の下の力持ち」です。

バルミューダ社の場合、世界一のトースターのアイデアを、「5000枚ものトーストを焼く」という地道な研究開発により、開花させた社員さんたちです。アイデアを絵に描いた餅ならぬ、「絵に描いたトースト」に終わらせず、「食えるトースト」に変えた存在です。

前述の、斬新なアイデアが生まれる場の特徴の1つに、「失敗しても、責任を追及されない文化」を挙げましたが、同社には、バルミューダフォンの事例を見てもわかるように、失敗を恐れず、果敢に挑戦する風土があると感じています。

ソニーも同じです。東京品川にある、ソニー歴史資料館（現在は閉館）には、同社の失敗作品……例えば、電気炊飯器やビデオテープの「ベータマックス」などが展示されていました。もし、失敗を恥と捉えていたら隠すと思います。挑戦することの大切さを伝えたくて、展示しているのだと私は推測しています。

失敗が許されなかったら、誰も挑戦はしません。かつてエジソンは、こんな名言を残しています。

「それは失敗ではなくて、その方法では上手くいかないことが分かったのだから、成

功なんだよ」

創造性あふれる組織への第一歩は、失敗を責めない風土の醸成ではないでしょうか。

指示ゼロ経営の賃上げ効果

全体最適による生産性と収益の向上

指示ゼロ経営の賃上げ効果を具体的に見ていきましょう。

指示ゼロ経営では、上司にお伺いを立てずに現場で決め、行動するため、対応が早くなります。

時間はコストですので、非常にコストパフォーマンスの良い経営になります。

現場の新鮮な情報をもとに判断をするため、上司の判断よりも質が高くなります。

「速い」「上手い」「コスパよし」の三拍子揃った経営です。

社長が1人で抱え込む孤独から解放され、賃上げへの恐れが軽減する効果もあります。

これらの基本的なメリットをもとに、賃上げに対する効果を、さらにひもといていきます。

効果の1つ目は、**「全体最適による、生産性と収益の向上」**です。

どんな組織も、1人〜数人で創業します。コミュニケーションが密なので、組織の存在意義や目的、ビジョンなどがしっかりと共有されています。業務の全体像が見えていますし、1人2役、3役は当たり前の多能工なので、業務の流れが滞った場合、すぐにヘルプに入ることができます。この状態を**「全体最適」**と言います。

企業の成長とともに社員数が増えると、業務分担を定める必要に迫られます。すると、自分に割り当てられた業務しか見えなくなり、**「部分最適」**に陥ります。メンバー一人ひとり、あるいは部署単位で良い仕事をしても、全体として成果が上がらなくなるのです。

事例で説明します。あるケーキ屋さんでは、「材料仕入れ」「製造」「ラッピング」

図解 10

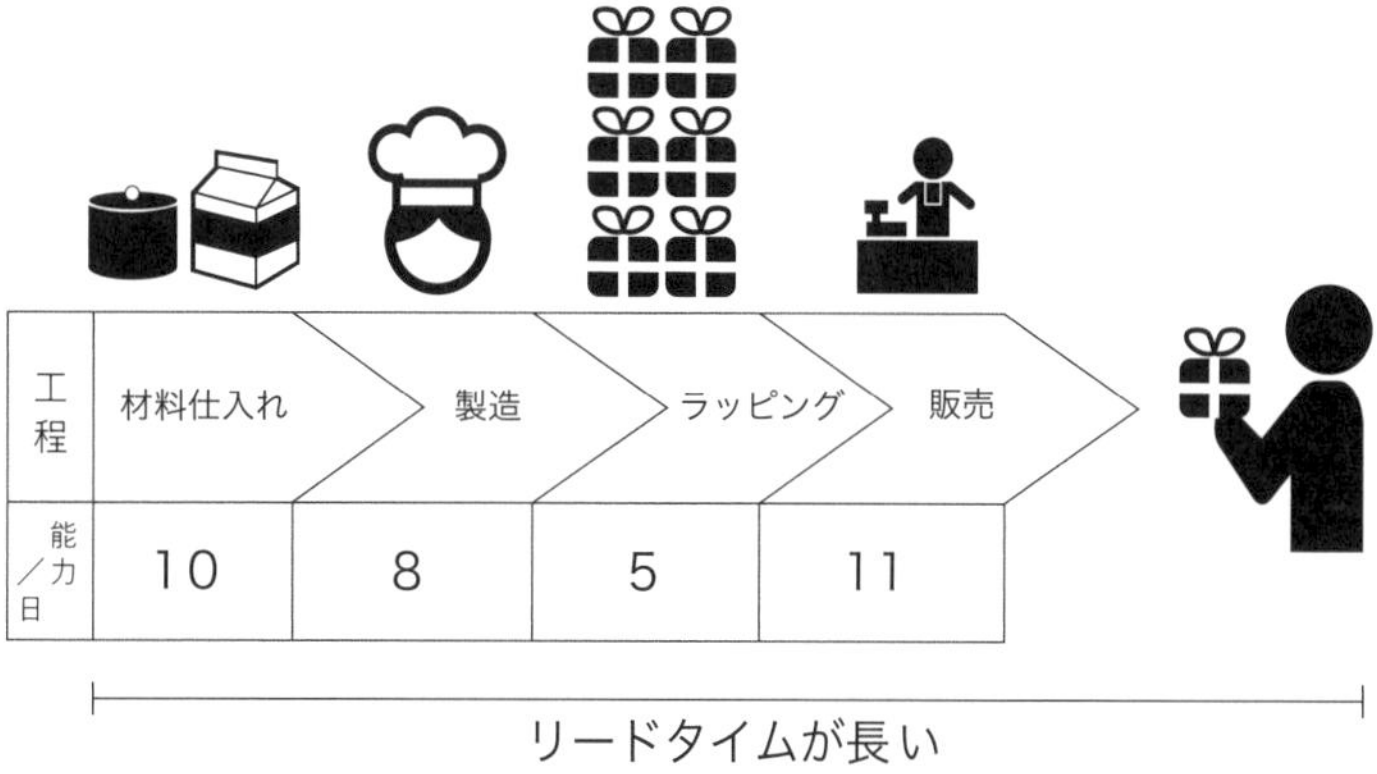

「店頭販売」の4つの工程で、お客様にケーキを届けているとします。

図の、各工程の下の数字は、1日あたりの能力を表しています。材料仕入れは、1日あたり10個分のケーキの材料を仕入れる能力を持っています。製造は8個の製造能力、ラッピングは5個、販売は11個売る能力を持っています。（図解10）

この場合、1日にお客様に販売できるケーキの個数はいくつでしょうか？

5個です。

ラッピングが1日あたり5個しかできないので、どんなに頑張っても、5個以上は次工程に流れません。

組織は、「最も弱い箇所」（ボトルネック）で全体のアウトプットが決まります。

もしも、この職場にお邪魔すると、次のような光景が広がっているでしょう。

ラッピング工程では、ラッピングされていないケーキの山が積まれており、みんな忙しい思いをしています。残業も多いでしょう。

このケーキの山は、お金をかけてつくったものですが、まだ販売されず、現金化されていませんので、未ラッピングのケーキが増えると、会社から現金が減ります。

ボトルネックの部分を起点に渋滞が起きるので、材料を仕入れてから、販売するまでの時間（リードタイム）が長くなり、店頭に新鮮なケーキを並べることができません。味が落ちたケーキを売るためには、タイムセールなどの安売りをしなければならず、儲からない商売になります。

業務全体の流れが見えず、自分たちの工程しか見えていない場合、仕入れや製造は、ラッピング部署を手助けせずに、「今日も充実した1日だった」と言い、退社しているかもしれません。

上司が、「ラッピングにヘルプに入ってくれ」とお願いをしても、「私たちだって、自分たちの仕事で忙しいのです」と断られてしまう可能性があります。

店頭の販売員は、「売る力があっても、ケーキが来ないことには商売にならない」と苛立っているかもしれません。人間関係にも暗い影を落とします。

このように、部分最適に陥ると、一人ひとり、あるいは、各工程が頑張っていても、組織全体として成果が上がらないのです。

指示ゼロ経営では、横のつながりが濃くなり、部署を超えた交流と情報共有が起きますので、「全体最適」が実現します。

全体が見えていると、「仕入れはボトルネックに合わせ、5個分だけ仕入れ、製造部署に渡す」という判断ができます。

そうすれば、未ラッピングのケーキの山ができず、渋滞が起きないので、つくりたてのケーキがいち早く店頭に並びます。

図解 11

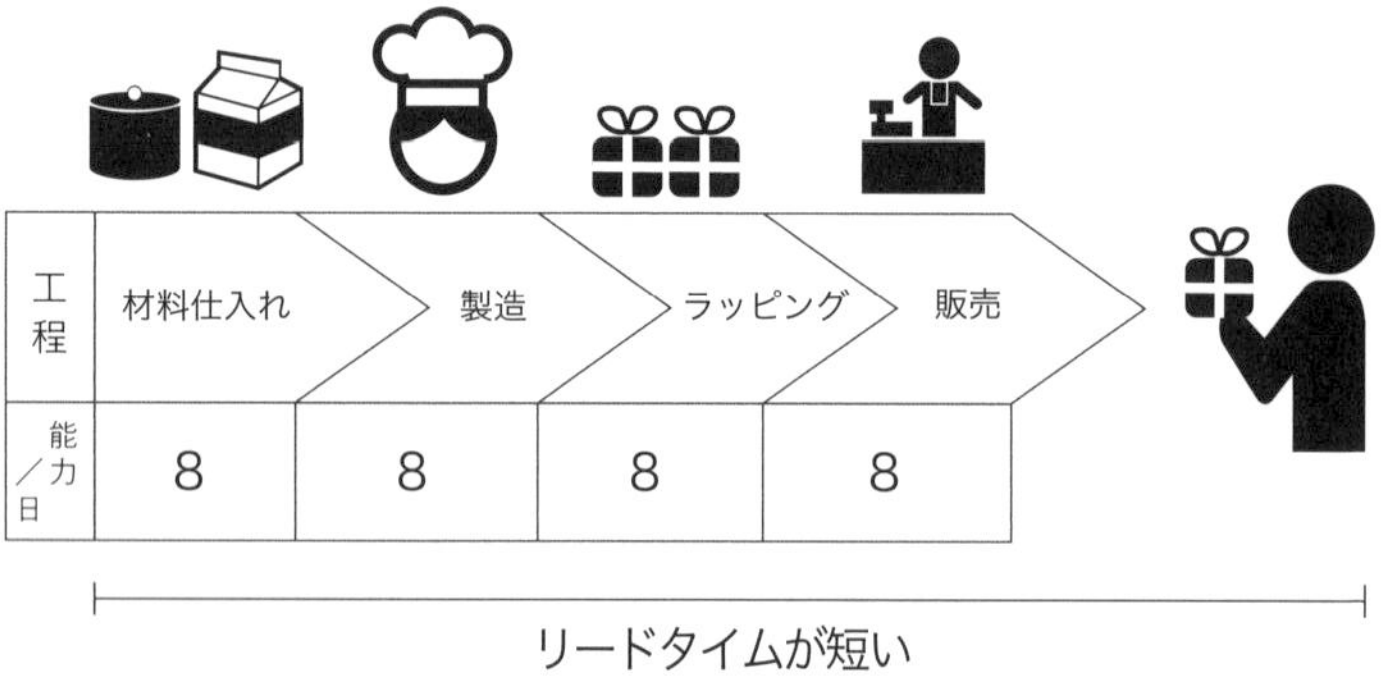

仕入れ工程と製造工程は、未ラッピングのケーキが増えた時に、自分たちの手を休めてヘルプに入ることができます。

すると、8個のアウトプットをつくることができるかもしれません。（図解11）

コストをかけずに、これまで以上の個数を、新鮮な状態で店頭に並べることができます。社内の人間関係が良くなり、お客様に喜ばれ、売上総利益が増え賃金が上がるという、理想的なことが実現するのです。

指示ゼロ経営の賃上げ効果

出世しなくても賃上げの希望が持てる

私は昨年、大学時代の友人に久しぶりに会い、飲みながら互いの近況を伝え合いました。

友人は、バブル経済が崩壊した数年後に、大手商社に新卒で入りました。希望に満ち、「組織のトップに上り詰める」と張り切っていたのを覚えています。

しかし、27年ぶりに会った彼に、そのエネルギーはありませんでした。ため息交じりに、「あとは定年まで我慢するだけ」と言っていました。

45歳の時に出世競争から脱落してしまい、50歳になった時に、希望退職を勧められたそうです。希望退職に応じれば割増退職金がもらえるが、居続けた場合は、賃金が下がり、窓際に追いやられると言うのです。

友人は悩みましたが、退職しても、その後、同等の条件の職に就くことは難しいと判断し、我慢して居続ける決断をしました。

話を聞いて、私は、「出世できるのは一部の人たちなのだ」と、当たり前のことを、改めて思ったのです。

社会心理学に、**「競争と共同」**という概念があります。「競争は、一部の人だけが達成できる目標を設定すると起きる。共同・協働は、全員で力を合わせないと達成できない目標を設定すると起きる」というものです。

ピラミッド型の階層構造で成り立つヒエラルキー組織は、意図せずとも競争原理が働きます。必ず詰まり、多くの敗北者を出す宿命にあります。

しかし、大きな組織の場合は、役職が多いため、若い頃は、「ルートはたくさんある。頑張って上に登るぞ」と希望が持てるのだと思います。

対し、中小企業では、役職が少なく、最初からルートが限られています。そんな状態で大企業と同じ出世競争をしていたら、人間関係が壊れてしまいます。

かと言って、ポジションがずっと変わらなければ、キャリアの見通しがつきません。人間関係を保ちながら、キャリアの希望が持てる組織をつくる必要があるのです。

指示ゼロ経営では、カッチリとした組織をつくりません。

そもそも、組織は、何かを遂行するために結成します。現代のような不安定な時代では、変化に合わせ、やることを変える必要がありますが、その都度、社長や上司が組織をつくり替えるのは非常に難しく、現場から不満も出ます。組織がカッチリしていると、変化への対応が弱くなるのです。

指示ゼロ経営では、やることに応じて、変幻自在に組織の形を変えることができます。具体的な事例を紹介するとイメージがしやすいと思います。

当社には、新聞配達、事務、折り込みチラシ、集金、企画の5つの部署があり、マネージャーもいます。

これだけ聞くと、「なんだ、組織があるじゃん」と思うかもしれませんが、非常に柔軟に運用できるのです。

何か新しいプロジェクトを始める際には、部署を超えて、「この指とまれ方式」でメンバーを募り、チームをつくります。メンバーは、通常業務をしながらプロジェクトに参画します。プロジェクトが終わったらチームは解散します。

プロジェクトの中には、成長事業に発展し、継続するものもあります。

その場合、メンバーは、通常部署から異動することもあります。メンバーの中からマネージャーが生まれることもありますし、マネージャーを立てずに活動することもあります。

プロジェクトチームの中には競争はありません。全員で力を合わせないとプロジェクトは達成できませんので、自然と協働が起こります。

カッチリとした組織に慣れた方は、気持ち悪く感じるかもしれませんが、柔軟に形を変えることができると、ヒエラルキー組織で起きる「詰まり」がなくなります。

出世コースから外れたらおしまい、ということがなく、希望を紡いで行くことができるのです。

賃金に関しても、チームワークで生み出した利益を公正に分配しますので、出世がなくても十分に賃金が増えます。何歳になってもチャンスがあるのです。

付加価値の高い経営になる

企業が指示ゼロ経営になると、前章で紹介した、猫の貯金箱の事例のようなことが日常的に起こり、付加価値の高い経営が実現し、賃金が上がります。

この項では、付加価値の正体を掘り下げていきます。

私が社内研修を行ったケーキ屋さんがあります。(以下A店)そのお店は、非常にブランド力があり、地域から愛され、多くのファンがいます。他店のケーキと比べると、お値段は少々高いのですが、連日完売します。

私が、「なぜ御社のケーキは高くても売れるんですか?」と聞いたところ、瞬時に次のような答えが返ってきました。「おいしい」「見た目がオシャレ」「衛生管理がしっかりしている」「販促企画が魅力的」。

高価格の理由とともに、ある社員さんが驚くことを言いました。「ライバル店(以下Ｂ店）よりも、価格は１割ほど高いですが、原材料はほぼ同じなんです」

ほぼ同じマテリアル（原材料）を使っているのに、同店の手にかかると凄いケーキになるのです。（図解12）

Ａ店とＢ店のケーキ、１個あたりの利益構造を見てみましょう。

Ａ店のホールケーキは、平均で６６００円ほどとします。原材料費は、私の推測ですが、２０００円だとします。すると、１個あたり４６００円の儲けが出ます。

Ｂ店の売価は６０００円なので、１個あたりの儲けは４０００円です。

図解 12

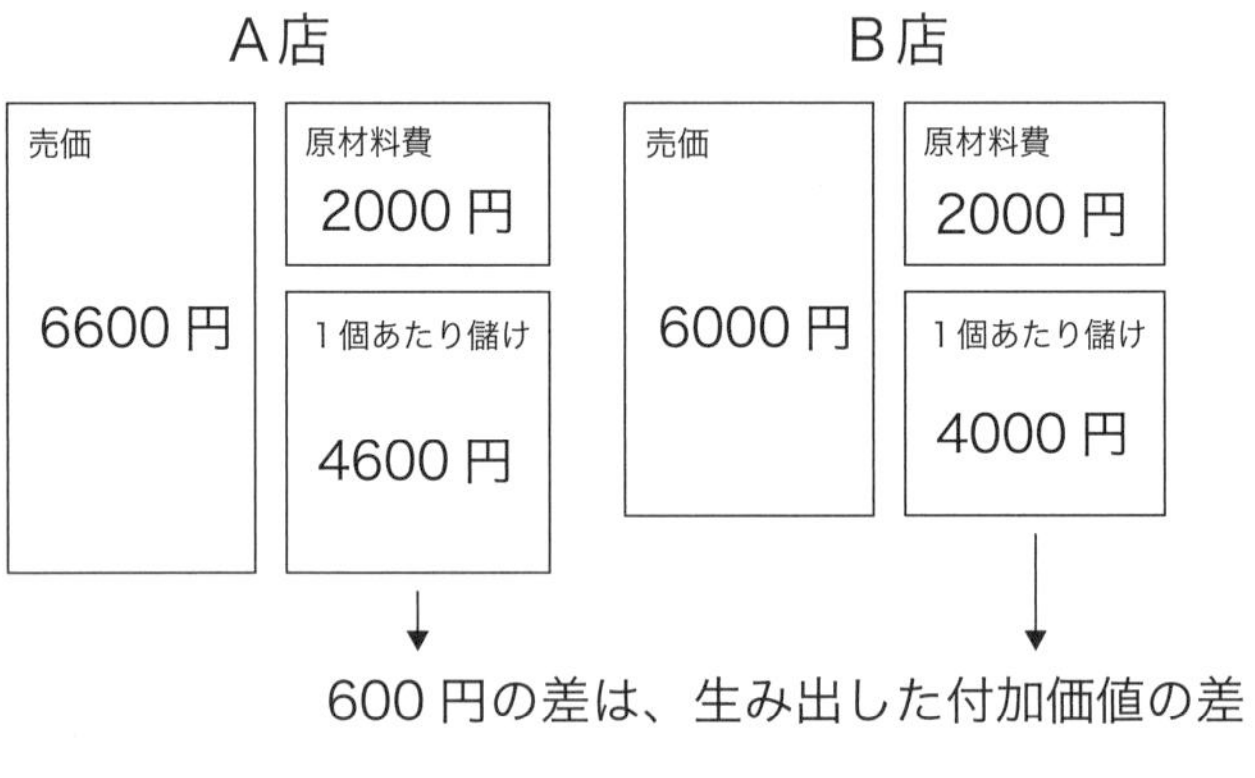

ここで考えたいことは、両店の「1個あたりの儲けの差」は何を意味するのかということです。

両店とも、ほぼ同じマテリアルからケーキをつくっています。

そのマテリアルに、A店は「おいしい」「見た目がオシャレ」「衛生管理の徹底」「魅力的な販促企画」といった価値を加え、B店よりも1割も高く販売しています。

A店とB店の、1個あたりの儲けの差額、600円は、つくり出した**「付加価値の差」**と言えます。

ただし、価格が高ければいいというわけではありません。

売上総利益は、「商品・サービス1個あたりの儲け × 販売個数」で算出されますので、1個あたりの儲けが多くても、数量を売ることができなければ、十分な売上総利益を稼ぐことはできません。

売上総利益とは、自社が生み出した、「トータルの」付加価値なのです。

A店は販促企画が魅力的で、数量も多く販売できるのです。

Ａ店の高付加価値経営の源は、「創発型」の風土にあります。自由闊達な社風のもとで創造性が刺激され、高い付加価値を生み出しているのです。

成熟社会における繁栄の因果

売上総利益の稼ぎ方が、「効率よくつくり、効率よく市場に流すこと」から、「付加価値の創造」へと移り変わった今、創造性あふれる組織風土をつくることが多くの企業にとっての大命題となりました。

風土をつくる上で非常に参考になるのが、ソニーが創業時につくった「設立趣意書」です。非常に有名なものですので、ご存じの方も多いと思いますが、ここまで本書をお読みいただいた方なら、新たな気付きが得られると思います。

１９４６年に、創業者の１人である井深大氏により起草された設立趣意書の１ページ目の中央に、「会社設立の目的」が記されています。いくつも項目があるのですが、最初に書かれている文言がこちらです。

「真面目なる技術者の技能を、最高度に発揮せしむべき自由闊達にして愉快なる理想工場の建設」

2番目に、**「日本再建、文化向上に対する技術面、生産面よりの活発なる活動」**という文言が並びます。

私が最初にこれを目にした時、特段、何も感じませんでしたが、ある日、とてつもなく凄いことが書かれていると気付いたのです。

多くの企業が、会社設立の目的には、「世のため人のため」という趣旨のことを真っ先に書きます。「○○の技術で地域社会の発展に貢献する」といったものです。

ソニーは、「自分たちが、ワクワクと仕事に夢中になれる会社をつくる」と、自分たちの状態を最優先にしているのです。ソニーの高付加価値経営の背景には、創造性が発動する場づくりがあるのだと思います。

私はこれまで、高い付加価値を創出する企業を多く見てきましたが、どの企業にも、「愉快でワクワク働ける風土」があり、働く人が、仕事の行為そのものを愉しんでいます。まさに夢中……フローやゾーンに近い状態で仕事に没入しているのです。

こうした職場は、自分で決めることができる（任されている）、他者の役に立っているという実感、成長実感、チームで協働する愉しさといった動機づけ要因で満たされています。

このような風土から**「創造性の発揮」↓「顧客が喜ぶ価値の創造」↓「心のごちそう」↓「愉快でワクワク働ける風土」**……という『再生産システム』が発動します。

こうした経営は、人との絆を深めます。社内の仲間はもとより、顧客との間に、信頼に基づいた人間関係を培います。成熟社会のビジネスにとって欠かすことのできない、「関係性資本」が蓄積され、どっしりと安定した経営が実現します。（図解13）

この礎があり、はじめてハウツーやテクニックが活きます。

ビジネスを円滑に進めるための事業シナリオや、具体的なテクニック……例えば、価値を分かりやすく伝えるコピーライティングや、魅力的なデザイン、業務効率などのノウハウが加わり、より効果的に売上総利益が創出され、賃金が増えるのです。

図解 13

成熟社会における繁栄の因果

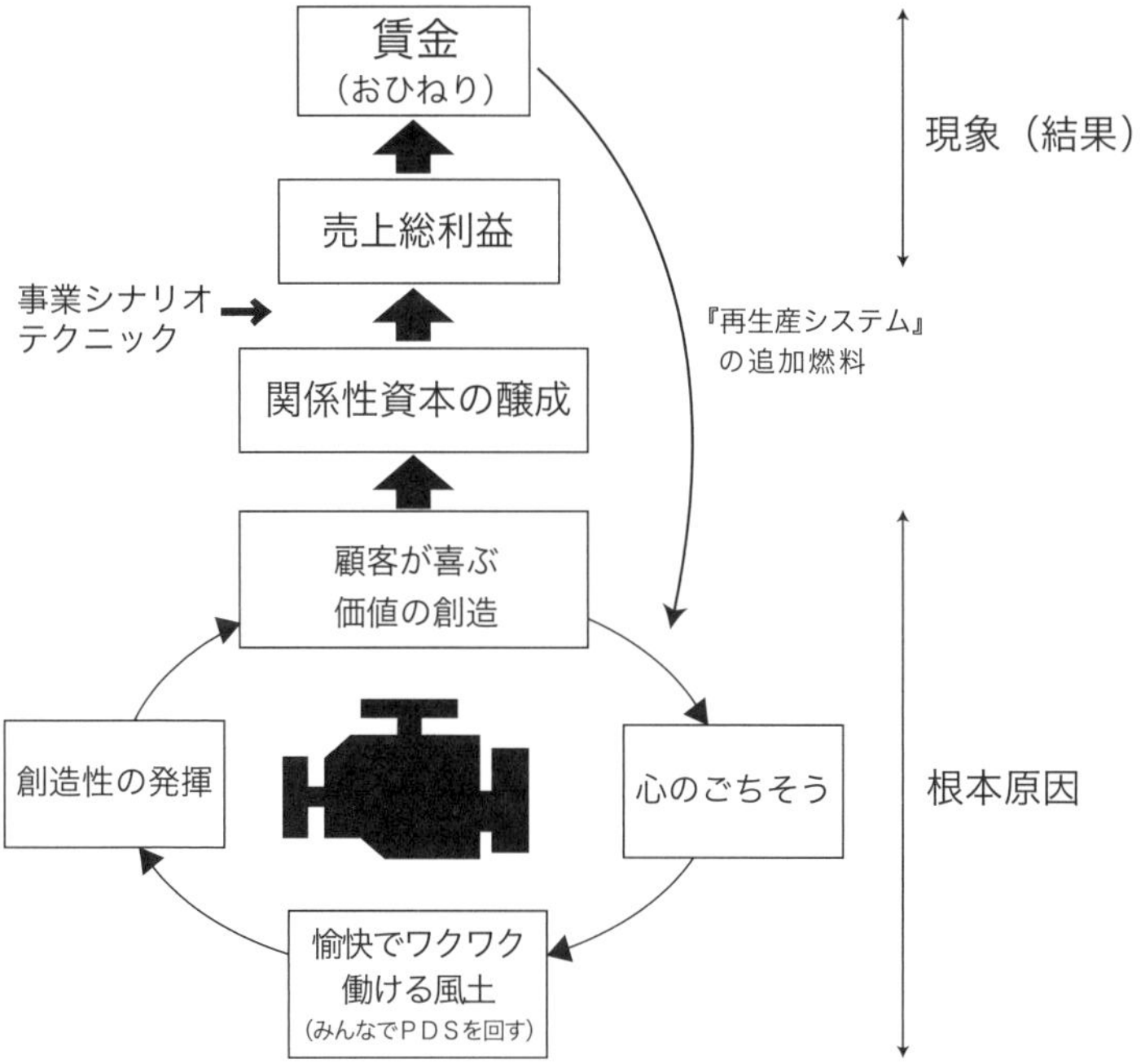

『再生産システム』を稼働させ、付加価値をつくり、手にした賃金は、**「おひねり」**の性質を持ちます。

お客様の期待以上の仕事をした場合にいただける、感謝や喜び、驚きといった感情が乗ったお金です。おひねりは、『再生産システム』の追加燃料となり、システムの循環を加速させます。

こうした一連を、私は、**「成熟社会における繁栄の因果」**と呼んでいます。

この因果の要点は、『再生産システム』が「根本原因」で、売上総利益や賃上げは「現象」という関係で成り立っていることです。

よく、「儲けることが〝目的〟で、風土は〝手段〟でしょ？」と言われることがありますが、そうではありません。

ソニーの設立趣意書には、自由闊達で愉快な風土は、儲けの手段ではなく、会社設立の「目的」と明記されています。

目的を愚直に追求した結果として、売上総利益や賃上げという「現象」が起きるのです。

もちろん、儲けが重要ではないというわけではありません。

企業にとってのお金は、人体で言えば血液です。十分な量が流れていないと生きていくことができません。

また、売上総利益は、自分たちが創出した価値を、顧客が認めてくださった「証」です。大げさに聞こえるかもしれませんが、「自社の存在意義の結晶」とも言える非常に重要な要素です。

このことが理解されると、「楽しければ利益は出なくてもいい」という考え方には決してなりません。

繁栄の因果を真に理解した企業は、売上総利益などの数値を、自分たちの「あり方」をチェックするための健康診断結果と捉え、非常に重要視しています。

第6章で、そのような企業の事例を紹介していますので参考にしてください。

この因果を、あなたの会社でつくり上げ、働く人が仕事を通じ、経済的にも心の面でも豊かになることが、指示ゼロ経営の目標なのです。

ケーススタディ

「心のごちそう」を原動力に繁栄を続けるペットサロン

「心のごちそう」は決してキレイゴトではなく、企業繁栄の礎となる要件です。しかし、お飾りの精神論で隅に追いやられることが多いのも事実です。

これから紹介する事例からは、「心のごちそう」が、いかに経営に大きな影響をもたらす大事なのかを学ぶことができます。

宮城県石巻市で、犬のトリミングサロン（犬の美容室）「犬のシャンプー屋さんKAI」と「犬のシャンプー屋さんMANU」の2店舗を展開する、「株式会社Kai・Manu」（岩城知子社長）の事例です。

2022年の年末、仙台市に出張した際、経営コンサルタントであり、指示ゼロ経営マスターである浅比浩史さんと会った時のことです。彼は、「株式会社Kai・M ａｎｕ」に経営支援で深く関わっている方です。普段は落ち着いた浅比さんが、同社の経営の素晴らしさを興奮気味に語ってくれました。

昨今の物価高の影響で原価が上がっていることを受け、同社は、２０２２年10月に料金の改定を行いました。同社には、すでに指示ゼロ経営の文化ができており、価格決めには社員さんも加わりました。

しかし、値上げをお客様に伝えるのは勇気が要ります。躊躇してなかなか実行に移せないでいました。そこで浅比さんが、お客様に電話で料金改定を伝えて、反応をリサーチすることになりました。

恐る恐る電話をかけると、「もちろん良いですよ」「ずっと通い続けるから。ウチの子をよろしく」「ワンちゃんが喜んで行っているから、値段のことは良いです」「ウチの子、いろんなサロンに行ったんだけど、唯一、怖がらないのがお宅だったの」「ずっとお世話になりたい」「ウチの犬、年寄りだけど、最後までよろしくね」と、嬉しい言葉のオンパレードです。

中には、「ウチの子、私がお宅のスタッフさんの名前を言うと、とても喜ぶ」と言う方もいたそうです。

全員から許諾をいただいただけでなく、嬉しい応援メッセージもいただいたのです。浅比さんは、こんな素晴らしい思いを自分がしてはいけないと思い、すぐに社員さんに譲ったそうです。

お客様からの「心のごちそう」を一気にいただいた出来事です。

これまでも、多くのお客様から心のごちそうを受け取っていました。

浅比さんの支援の最大の要点は、**「心のごちそうの見える化」**です。社員さんと定期的に面談を行っていますが、毎回、「最近もらった心のごちそうは何ですか？」と聞き、社員さんに語ってもらうようにしています。

心のごちそうが、最も人と組織を育てることを知っているからこそ、地道に継続しているのです。

面談の積み重ねにより、今や、社員さんは、心のごちそうをいただけるような仕事をすることが、仕事の目的になっています。

ワンちゃんへの施術だけでなく、飼い主さんの気持ちに寄り添うようになりました。家でのワンちゃんの様子を聞いたり、逆に、お店でのワンちゃんの様子を飼い主さんに伝えたりと、温かなコミュニケーションが増えていきました。

コミュニケーションが増えると、よりお客様のことが好きになり、もっと喜ばれたいと思うようになります。

すると、普通では見逃してしまうような、ちょっとした変化に気付きます。

例えば、同社にはワンちゃんのホテルがあります。犬を預けるお客様には、家を空ける何らかの理由があります。

お客様の表情が暗い場合、もしかしたら入院をされるかもしれません。明るい顔をされていると、結婚式など、おめでたいことがあるのかもしれません。背景を考えながら接客をし、いつしか家族ぐるみのお付き合いをするお客様が増えました。

お客様にアンケートを取ると、技術よりも接客を評価するお客様が多くいます。トリミングの技術は相当に高いのですが、それを凌駕するほどの接客、おもてなしができているのです。

値上げのお願いをした時に、応援や感謝の言葉とともに快諾をいただけたのは、これまでの価格が、むしろ安かったことを物語ります。それだけの付加価値をつくり出していたのです。

心のごちそうは意思決定の質を変えます。

同社では、目先ではなく、長期視点で、ワンちゃんと飼い主さんにとって良い意思決定をするようになりました。例えば、ワンちゃんのトリミングをする際、今、可愛くなればよいという判断ではなく、1ヶ月後に毛玉ができて苦しまないようにカットをするといった判断をしています。

創業時から付き合いがあったお客様のワンちゃんが、数年前に亡くなりました。その方は、それから犬を飼っていないので、もう顧客ではありません。しかし、社員さんの判断で、年末にカレンダーを渡し続けています。

このような、損得勘定を超えたお付き合いにより、こうした方からの紹介客が後を絶たないそうです。

お客様へのアンケート結果によると、80％以上が「友人に紹介したい」と答えています。社員さんは、紹介を狙ってやっているわけではなく、ご恩があるからという理由で行っているのです。

心のごちそうは、チームワークの質も変えます。

チームワークは、1人では達成できない大きな課題を持つと生まれます。同社は、「さらに喜ばれる存在になりたい」と、常に理想を更新し、飽くなき挑戦をするので、自ずと、一人ひとりの能力の凸凹を補い合う共創が起きています。そして、一人ひとりの能力の総和を超えた力を、チームが発揮しています。

高い理想と長期視点があるので、今さえ良ければ、という考え方はなく、長期視点で人とチームの成長を考えています。

何か課題を抱えた時に、乗り越えなければならない課題として真剣に向き合います。一人ひとりが成長する必要性を十分に理解しているので、時には仲間に厳しい言葉を投げかけることもあります。

店長は、「仕事を通じ、スタッフが人間的に成長していくことが、私にとって最高の心のごちそうだ」とおっしゃっていました。

私は、同社にインタビューを行った際、「何を大切に仕事をされていますか？」という質問をしました。

その意図は、心のごちそうをいただけるような仕事ぶりを見つけることができるからです。

この質問に対し、社員さんは「何事も当たり前と思わずに、小さなことに感謝する」「お客様の気持ちに心から寄り添う」「目先ではなく、長期で判断する」「互いの凸凹を補い合うこと」「人間的に成長できること」と答えました。

「成熟社会における繁栄の因果」の土台部分にあたる大切なことを、本当に大切にしているのです。

同社の文化の原点は、岩城知子社長の思いにあります。

インタビューで、私が「岩城社長は何を大切にされていますか？」とお聞きしたところ、次のような思いを聞くことができました。

岩城社長は、子どもの頃から動物が大好きで、動物に関わる仕事を夢みてトリマーになりました。1998年に5畳ほどの一室からスタートしたそうです。

創業当初から、利益よりも思いを優先し、経営をされてきました。

思いとは、「ワンちゃんだけでなく、家族も大切にしたい」「仕事を通じ、成長できる職場でありたい」「仕事を通じ、幸せを感じられる職場にしたい」……まさに社員さんが熱く語る思いと同じものです。

創業期の忙しい時期、仕事も家庭も大変だった時には、社員さんがプライベートで助けてくれたそうです。お子さんの運動会に応援に来てくれ、一緒にお弁当を食べたこともあったそうです。

こうした体験から、いつしか「家族のような会社にしたい」という思いが募っていきました。仕事だけの乾いた関係ではなく、互いのプライベートも応援し合える会社にしたいという思いです。

岩城社長には、トリミングという仕事を通じ、自社で起きていることをお客様の家庭でも実現したいという思いがあるのだと感じました。

同社は、指示ゼロ経営が上手くいかない時期がありました。その理由は、家族的な雰囲気のマイナス面が出てしまっていたためです。岩城社長は、みんなのお母さんですが、我が子が可愛いがために、世話を焼き、お膳立てをし過ぎた時期があったと言います。

PDSに『斜めの線』が入った状態です。

そんな時に浅比さんと出会い、経営支援を受けることになりました。浅比さんは、定期的に行う社員さんとの面談では必ず、「最近、手にした心のごちそう」を確認します。そして、「どうして心のごちそうがいただけたと思いますか？ その体験から何に気付きましたか？」と質問を深め、実践の要点を浮き彫りにします。

小手先のハウツーを教えるのではなく、「成熟社会における企業繁栄の因果」をつくれる人材を育成しているのです。

心のごちそうが蓄積し、臨界点を超えた時、社員さんは一気に自立しました。岩城社長は、その時の様子をこのような例えで、私に教えてくれました。

「巣の中でピヨピヨしていたと思ったら、ある日、巣を覗いたら、みんな巣立っていた」社員さんの自立により、少し寂しい思いをしたこともあったそうですが、それよりも、心のごちそうを受け取り、イキイキと働き成長する社員さんの姿を見て、「これが、ずっと私が欲しかった心のごちそうなんだ」と思ったそうです。

同社の周りは、心のごちそうで満ちあふれています。顧客も、社員さんも、店長も、社長も、そして浅比さんも、心のごちそうのシャワーを浴びています。

今は、お客様の紹介で予約が埋まってしまうため、新規客の受け付けをやめているそうです。

まさに、「成熟社会における繁栄の因果」を体現した経営です。

【同社の実践のポイント】

私の盟友、浅比浩史さんが関わった事例ですが、本当に勉強になりましたし、本書を出版する上で大きな自信になりました。

インタビューをした際、私が、「成熟社会における繁栄の因果」の図解を説明すると、全員が、首を縦に大きく振り、頷いていました。実践している人だからこそ分かる世界なのだと思います。

同社の実践から学べることは、儲けるための手段として心のごちそうを活用するのではなく、心のごちそうが、豊かな人生のために欠かせない要件であり、利益よりも上位に位置付けられていることです。

儲けのための手段と捉えたら、こんな時間がかかる面倒なことはしないでしょう。もっと、手っ取り早く儲かるハウツーはたくさんあるのですから。

大切なものを本当に大切にすることが、繁栄の礎をつくることを、同社の事例から学ぶことができます。

第2章のまとめ

▼指示ゼロ経営は、チームで課題を持ち、みんなでPDSを回し続ける。上司は、基本的に、個々とではなく、チームと関わる。

変化が激しい時代では、計画通りに進まないことが多いので、計画力よりも、「修正力」がものを言う。

▼PDSの三角形に入る、『余分な線』が人と組織の成長を阻む。PDSをワンセットにした、「ひとしごと」を任せることで一人前に育ち、「仕事の主」、ひいては、「人生の主」に育つ。

▼指示ゼロ経営の醸成には、早くて3年、通常、5年〜7年はかかる。急がば回れ。

▼チームには、「独裁型」「村社会型」「混沌型」「創発型」の4種類がある。創発型のチームは、豊かな創造性を発揮し、付加価値の高い仕事をする。イノベーションが生まれる可能性も高い。イノベーショ

ンは、たった1人の〝変わり者〟の斬新なアイデアを多数派が認めた時に起こる。

▼指示ゼロ経営には、「全体最適による生産性と収益の向上」「出世しなくても希望が持てる」「創造性が発揮され、高付加価値の経営になる」といった効果がある。

▼高い付加価値を創出する企業には、『再生産システム』の循環から売上総利益が生まれ賃金が増える、「成熟社会における繁栄の因果」がある。

第3章

実務編

創造性と実行力の高い組織風土をつくる

本章からは、指示ゼロ経営の実務を解説します。前著では書き切れなかった、深い部分に踏み込みます。指示ゼロ経営の基礎や注意点に関しては、前著が詳しいので、是非、お読みいただくことをお勧めします。

指示ゼロ組織に変容する3段階の成長プロセス

前章のおさらいになりますが、チームには次の4つの状態があります。

「独裁型」、「村社会型」、「混沌型」、「創発型」の4つです。

独裁型と、村社会型は、「問題を見ざる」「言うべきことを、言わざる」「他者の意見を、聞かざる」の三猿状態に陥っています。三猿状態から脱すると、一時的に「混沌型」になります。「混沌型」を経て、本音で話し合い、思いやビジョンが共有され、目指す方向性が定まると、理想の「創発型」に昇華します。

この項からは、独裁型、あるいは村社会型が創発型に変容していくプロセスと、変容の方法論を解説します。

変容の大きな流れを、図解をもとに説明します。（図解14）

図解 14

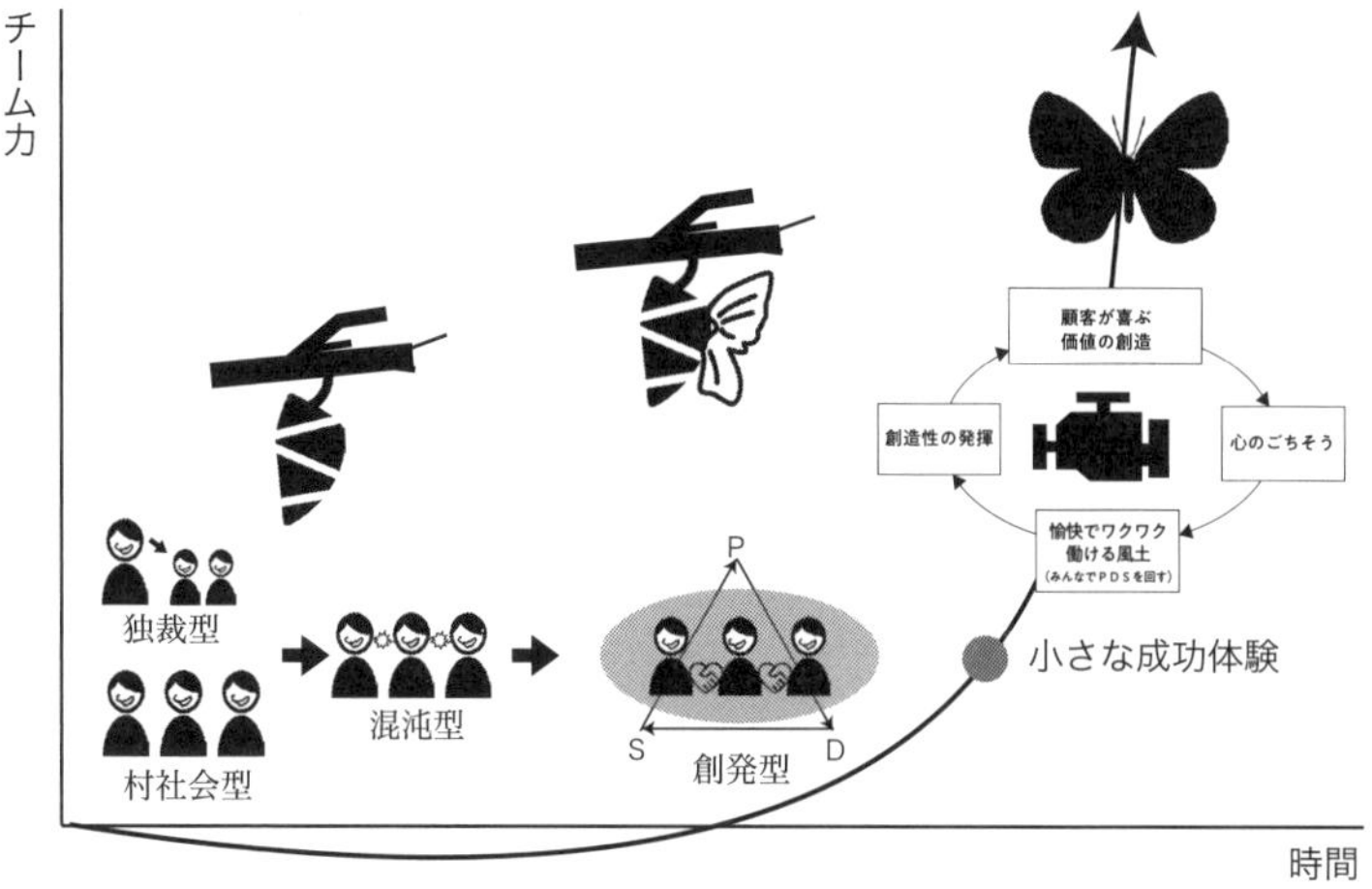

図のように、チーム力は、**「一度、落ちてから、急激に成長する」**という成長曲線を描きます。

チーム力とは、**「チームワークで創造活動を行う力」**と定義します。

「独裁型」あるいは「村社会型」のチームが三猿状態から脱却すると、一時的に混乱し、チーム力は少し落ちます。

決して、チームが悪くなっているわけではありません。自由に発言するから混乱が起きるわけで、確実にチームは育っているのです。

本音で語り合い、思いを共有することで気持ちが1つになり、少しずつチームに一体感が生まれます。

チーム内に、特有の文化が醸成される、非常に重要な段階です。いわば、これから蝶に変容するために、エネルギーを蓄えている、サナギの状態です。

やがてサナギは羽化を始め、自分たちの意思でPDSを回し始めます。最初は、社長が期待するようなダイナミックな活動はできないでしょう。成果も出せず、失敗の連続だと思います。メンバー間に温度差があり、一部のメンバーが頑張っているという状態だと思います。

社長には、この状態を見守る愛情と、辛抱が必要です。よちよち歩きを始めた幼児が、軽快に走ることができないのと同じです。人もチームも、何度も転んで、少しずつ成長していくのです。

メンバーみんなが確かな手応えを感じる、**「小さな成功体験」**を手にした時にブレイクスルーが起こります。

図解15

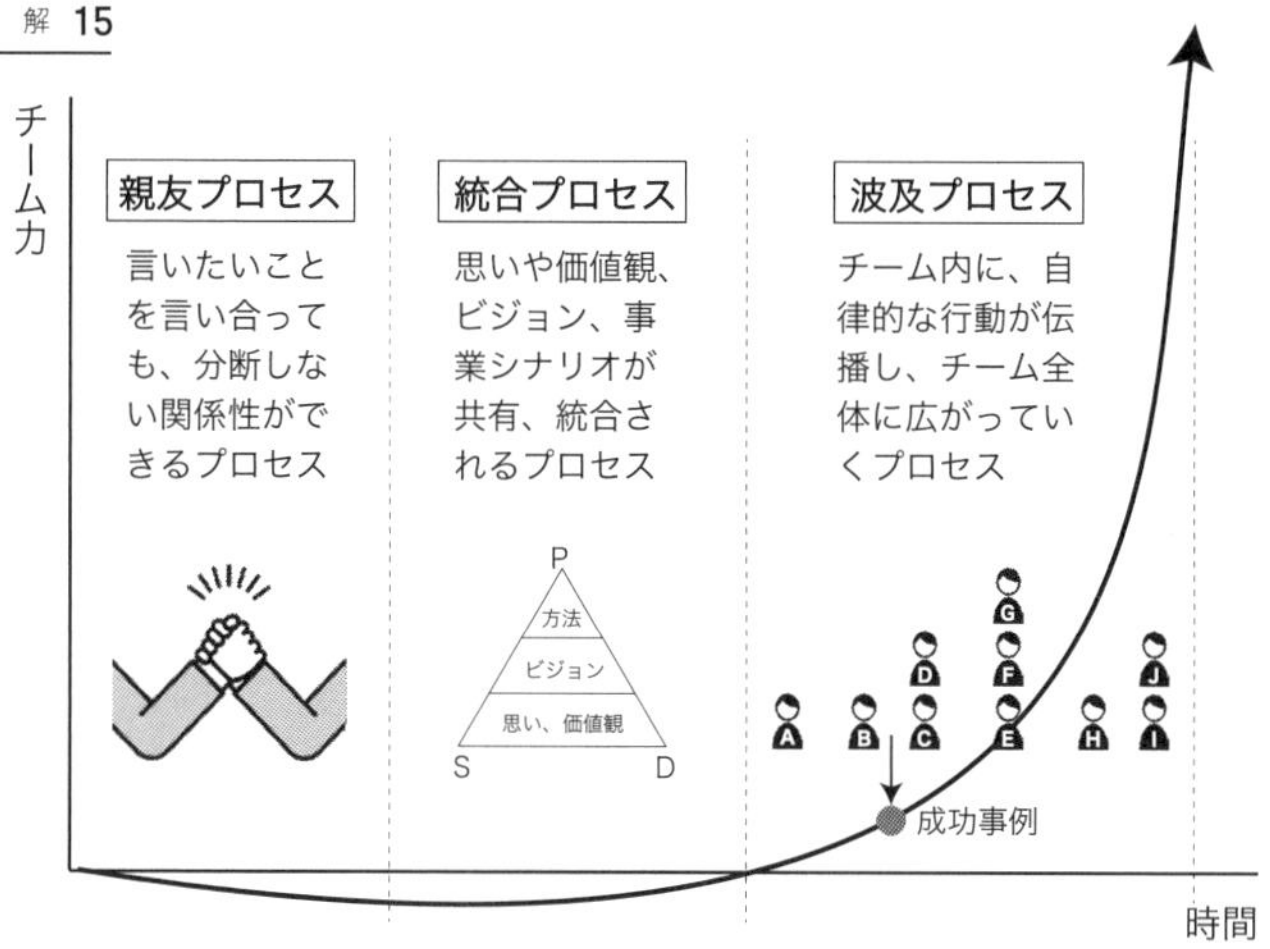

成功体験を得ると、メンバーの大半を占める多数派が、一気に参画します。多数派には、分析力や、業務の構築力に長けた人が多くいるため、さらにチーム力が上がります。みんなでPDSを回す愉しさを味わい、『再生産システム』のエンジンに火がつけば、もう、サナギは蝶に変容しているでしょう。

ただし、独裁型、あるいは、村社会型がスタート地点だとすると、変容までに、早くて3年、通常5年〜7年はかかります。

次に、この変容のプロセスを細かく見ていきましょう。プロセスは3段階で成り立ちます。「親友プロセス」、「統合プロセス」、「波及プロセス」の3つです。（図解15）

◎**親友プロセス**

心理的安全性が高く、本音で語り合っても分断しない関係性ができるプロセスです。親友のような関係性なので、このように名付けました。

◎**統合プロセス**

指示、命令がなくてもチームがバラバラにならないのは、大切にする思いや価値観、理念、ビジョンなどが共有されているからです。社員一人ひとりの思いと、チームの思いを1つにするのが「統合プロセス」です。

「浸透」とは意味合いが違います。浸透は、社長から社員へ一方通行なのに対し、「統合」には双方向の対話があります。社員が、自社の価値観や理念といった、最も重要なことを自分事にするために欠かせないプロセスです。

◎**波及プロセス**

チーム内に、自律的な行動が波及していくプロセスです。チームは、急には変わりません。最初に、少数派のイノベーターが動き出し、小さな成功体験を得て、多数派に伝播していきます。

親友プロセス

本音で語り合っても分断しない関係をつくる

近年、ビジネス現場で、**「心理的安全性」**という言葉が盛んに使われるようになりました。キッカケは、Google社が2012年に行った社内調査、「プロジェクト・アリストテレス」です。

調査によると、成果を出すチームには、本音が言えたり、弱い自分を開示できたりという、「心理的安全性」があることが分かりました。

心理的安全性という言葉の優しいイメージから、私は、生ぬるいだけの関係を、そうだと勘違いするケースが多いと感じています。

真の心理的安全性は、「勇気を出して本音を話してみたら、仲間が受け入れてくれた」という経験を経て生まれます。厳しさを内包しているものです。

何を言い合ったとしても分断しない、親友のような関係性は、どうすれば築けるのでしょうか。文字通り、初対面から親友になるまでのプロセスにヒントがあります。

米カンザス大学のジェフリー・ホール教授は、人間関係を、「知り合い」、「それほど親しくない友人」、「友人」、「親友」の4つに分類し、関係性が深まるまでの時間を調べ、論文「How many hours does it take to make a friend?」を発表しました。

研究によると、知人から、それほど親しくない友人になるには50時間、友人になるには90時間、親友になるには200時間かかるという結論に至りました。ただし、「ただ一緒にいるというだけではなく、意味のある本質的な会話、コミュニケーションができるかが、人間関係の結び付きに大きく影響する」と指摘しています。

親友とは、互いの価値観や考え方を語り合ったはずです。最初は、相手の価値観に共感できない時期があったかもしれません。しかし、その価値観が形成された過程、人生の物語を知ると受け入れられるようになります。

人の価値観は、何も無いところに降って湧いてくるものではありません。過去の経験を通じ醸成されるものです。価値観と、それが紡がれた出来事を共有すると、まるで、その時間を一緒に過ごしたかのような感覚になります。

親友は互いの夢も知っています。

互いの過去―現在―未来を共有し、深く知ることで親友のような関係になります。

いつも一緒にいる職場の仲間でも、こういう話はあまりしないと思います。企業によっては、仕事とは無関係の会話を嫌うところもあります。「そんな時間が取れない」と言う方もいます。

しかし、時間が取れないのではなく、優先順位が低いだけなのではないでしょうか。本当に必要であれば、時間はつくるはずです。繁栄の礎となる大事ですから、是非、時間をつくりましょう。

「親友プロセス」の第一歩は、自分を知ることです。

現在の自分の価値観は、一体どんな経験から紡がれたのかを内省し、その価値観が織りなす未来の姿、夢を描きます。

私は、内省の手法を、**Past（過去）―Present（現在）―Future（未来）**の頭文字を取り**「ＰＰＦ」**と呼んでいます。

ＰＰＦは次の３ステップで進めます。

1、自分が現在、人生で大切にしていること、価値観を文字にしてみる。あまり深く考えずに、まず、書き出してみることがコツです。

2、その思いが紡がれたであろう、過去の出来事を振り返る。これも、あまり厳密に考えずに、まずはやってみましょう。過去を振り返るために、**「人生グラフ」**を使うとやりやすいです。人生グラフとは、自分の人生の浮き沈みをグラフ化したものです。私のグラフを紹介しますので、参考にしてください。（図解16）

3、この会社で働くことで何を実現したいのか？　叶えたい夢を書き出す。どんなことでもＯＫです。個人的な趣味に関することでも、家族との幸せな生活でも、「金持ちになる」「外国車に乗る」といったギラギラしたものでもＯＫです。まずは書き出しましょう。

図解 16

人生グラフ

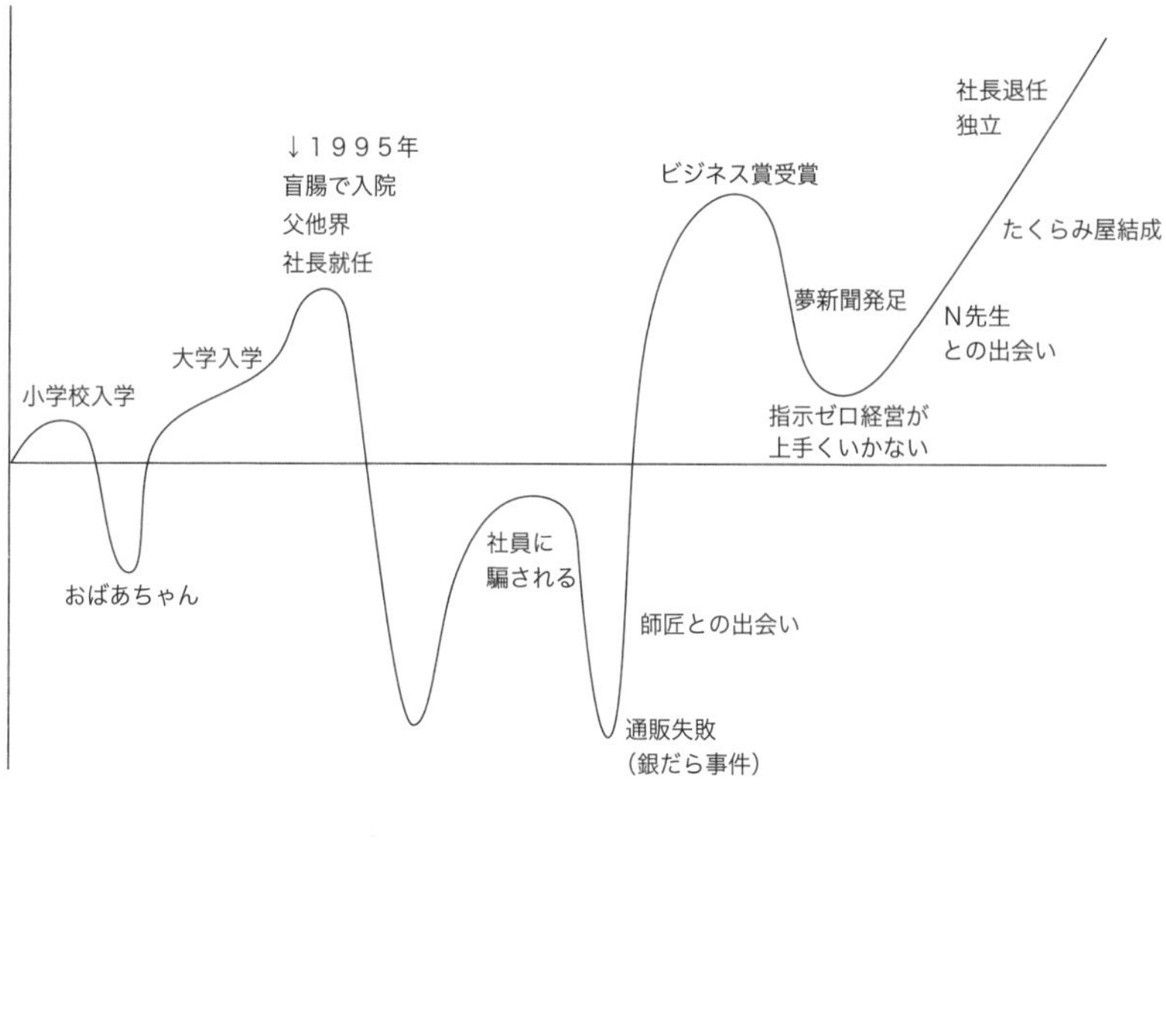

社長退任
独立
↓1995年
盲腸で入院
父他界
社長就任
ビジネス賞受賞
たくらみ屋結成
夢新聞発足
N先生
との出会い
大学入学
小学校入学
指示ゼロ経営が
上手くいかない
社員に
騙される
おばあちゃん
師匠との出会い
通販失敗
(銀だら事件)

書き出したら、自分自身に次のような問いを投げかけてください。「それを手にした先に、何が実現するの？」と。例えば、「お金のため」という場合、お金を使ったその先に得られる価値を考えるのです。すると、「家族の幸せ」、「自分らしくいられる時間」といった、本当に望んでいる上位願望が観えてきます。

過去と現在がつながった時に、「なるほど、だから自分はこうなんだ」と、自分に対する理解が深まります。すると、夢も、おぼろげながらに観えてきます。

初回のPPFで、全てがクリアになることは滅多にありません。繰り返し行うことで、徐々に観えてくるものです。定期的に行うことをお勧めします。

私の事例を紹介します。

私は、「人には役割がある」という価値観、人生観を持っています。

その人だからできることがあり、誰かの役に立ち、「あなたに出会えて良かった」と言われて、人生が開花していくという価値観です。価値観形成の発端は、小学生の時の出来事です。

私の人生グラフを見ると、人生の序盤、小学校に入学した直後に沈んでいます。

私は、画一的に管理されるのが嫌で、学校に馴染めませんでした。先生が親に「心配ですね」と言う度に、私は自信を失っていきました。そんな私を救ってくれたのが祖母でした。

小学4年生頃のある日、祖母と一緒にお風呂に入っていると、祖母が言いました。

「晋也、お前は別のものになろうとしなくていい。別のものにならずとも、お前がなるべきものになれるから」

本当に嬉しかったです。

自分が将来、何になれるかは分かりませんでしたが、自分のままで何者かになれると、勇気を持つことができたのです。お風呂に入浴剤を入れて遊んでいると、「おお、科学者になるかもしれないな」と言ってくれたこともあります。

忘れていたこの記憶がよみがえったのは、私が30代の頃、どんな経営をしていくべきか悩んでいた時でした。当時は自律型組織の存在は知りませんでしたが、漠然と、働く人の個性が活きる経営に憧れていました。画一的な管理のない、自由な会社をつくりたいと思っていたのです。

そんな時に、祖母との出来事を思い出しました。過去と現在がつながり、自分がやろうとしていることが、しっくりきたのです。

メンバー全員がPPFを行ったら、仲間と共有します。共有は職場と離れた、リラックスできる場で行うことをお勧めします。会議室だと、職務上の仮面をかぶってしまい、素の自分が出ません。キャンプ施設で、焚き火を囲みながら語り合う企業もあります。

親友プロセスは、定期的にバージョンアップする

親友プロセスは、年間に2〜3回、定期的に行うことが理想です。これまで気付かなかった過去の出来事を思い出し、確信を強めることがあります。人は成長しますので、価値観が変わることもあります。

当社の若い男性社員のエピソードを紹介します。
彼は、23歳で入社しました。入社当時、「何のために働いているのか?」という問いに対し、間髪入れず「お金です」と答えました。そこで、「お金は何に使うの?」と聞くと、少し考えて、「頑張ってお金を貯めて、外国車を買います。昔、オレを馬鹿にしたヤツらをギャフンと言わせてやりたいです」と言いました。

彼の仕事は、新聞配達員が休んだ時に、代わりに配るピンチヒッター的な配達業務です。顧客、5000世帯を熟知していないと仕事になりません。一人前になるまでに1年はかかります。

戦力になれるまでの間、彼は毎日の掃除を徹底しました。少しでも仲間の役に立ちたいという思いからです。それまでゴミのポイ捨てをしていた社員が、彼の掃除ぶりを見てポイ捨てをやめたほどの徹底ぶりです。

1年後、全世帯を覚えただけでなく、仲間からの信頼という、かけがえのないものを手にし、彼は一人前になりました。配達員のみんなは、もし自分が急病や急用で休まざるを得なくなった時に彼がいてくれることを心強く感じ、頼りにしていました。

彼は、とても充実した毎日を送っていました。

入社5年ほど経った時、私は、彼がいまだに国産の軽自動車に乗っていることに気付きました。「ギャフンと言わせる話はどうなったの？」と聞くと、「あの話はもう、どうでもいいんです」と言いました。仲間から信頼され、自分が活きるという、より価値あるものを見つけたのです。

このように、人は成長し、価値観が変わります。

PPFは定期的に見直し、仲間同士で共有することをお勧めします。

統合プロセス

個々の望みと会社の目的を統合する

親友プロセスにより、チームが三猿状態から脱却したら、できるだけ早く、個々のエネルギーのベクトルを1つの方向に集結させる必要があります。

一人ひとり、それぞれに夢があっても、バラバラ好き勝手だと、誰の夢も叶いませ

図解 17

統合プロセス

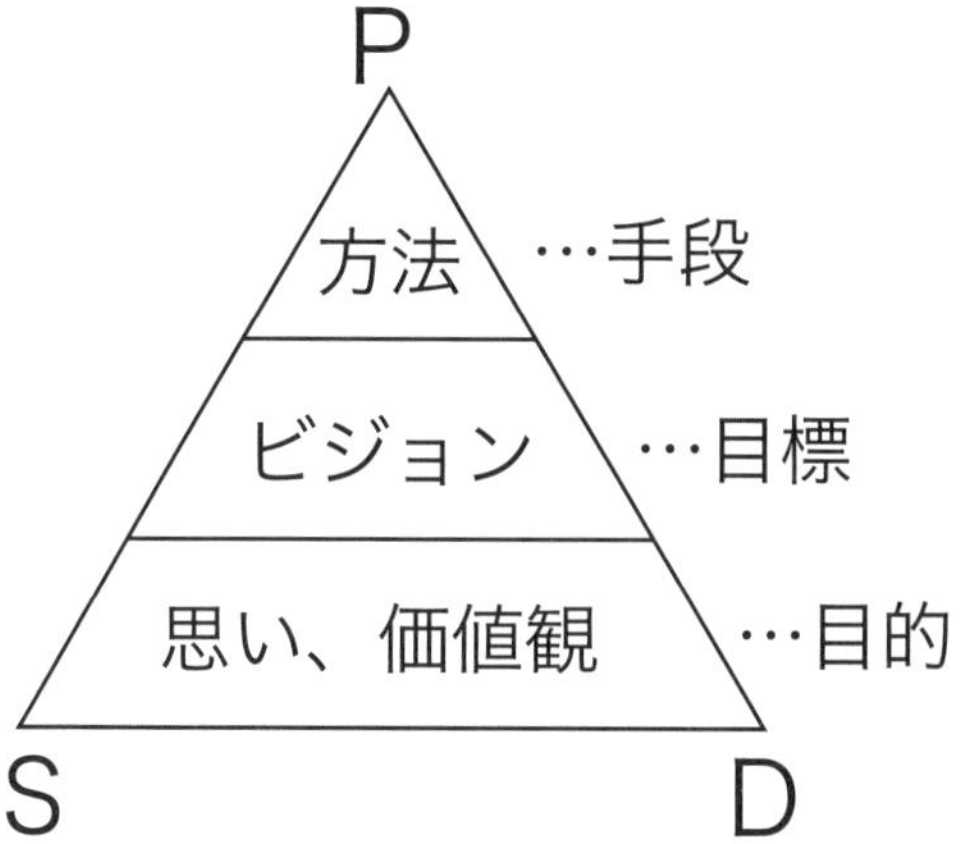

ん。会社としての共通の目的・目標を定め、みんなの知恵と協働で会社を成功させることで、個々の夢が実現します。

この認識をつくるのが「統合プロセス」です。統合プロセスでは、事業成功のレシピである、次の3つの階層を、社員とともに定めます。（図解17）

階層1「思い、価値観」……自社の存在意義＝目的です。経営理念と言い換えることができます。

階層2「ビジョン」……思い、

価値観が開花した未来の姿＝目標です。

階層3「方法」……ビジョンを実現する手段です。

通常、経営計画書には、この3つが書かれています。

指示ゼロ経営では、このレシピの作成に社員が参画します。これまでは、理念やビジョン、手法までを社長がつくり、社員がそれに従うというやり方が主流でした。

しかし、参画をしないと自分事にならず、会社の目的を深く理解することができません。理解していないと、日々の仕事で主体的な判断ができないのです。

会社の成功と、個々の夢の実現はワンセットですので、ビジョンには、会社だけでなく、社員一人ひとりが夢を実現した姿も含まれます。これは社長が1人でつくれるものではありません。

前章でお伝えした、ＰＤＳの三角形に入っている『余分な線』は、経営計画をつくる最初の段階で入ってしまいます。

社員の自発性を頼りにする経営では、思い、価値観、ビジョンといった土台の部分から、社員に参画してもらうことが欠かせません。

次の項からは、3つの階層を、社員が参画してつくる方法を詳しく解説します。

階層1「思い、価値観」を、社員とともに練る

PDSの「P」の第一歩は、階層1「自分たちの思い、価値観」を、じっくりと対話し、練り上げることです。

これは、「成熟社会における繁栄の因果」の土台部分を成す、「愉快でワクワク働ける風土」を醸成する大事です。指示ゼロ経営が上手く軌道に乗らない原因の多くが、「思いの練り不足」です。

社長と社員とで、思いを共有する時間を設けましょう。

まずは、社長から、「こんな会社にしたい」という思いを伝えます。その思いを受け、社員も思いを語り、じっくりと対話を重ねます。

社長から伝える際に、「なぜ、そのような会社、チームにしたいのか」と、理由を添えてください。その理由にこそ、社長の思いが詰まっているからです。（図解18）

図解 18

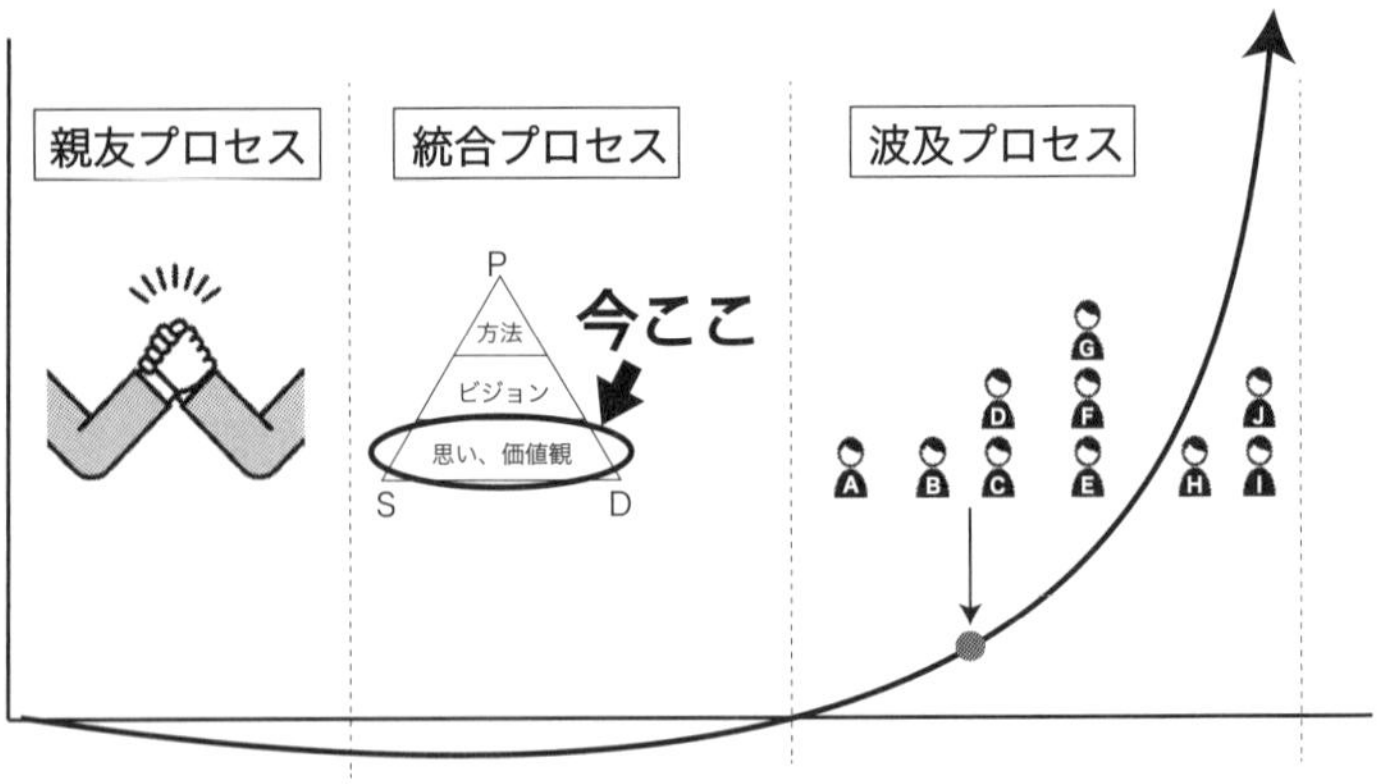

理由には、**「必要性」**と**「願い」**があります。

必要性とは、本書でも繰り返し述べてきた、「正解がなく変化が激しい時代だから」といったものです。「〇〇する必要がある」「〇〇しなければならない」という表現で語られます。

しかし、これだけを聞いても、社員の心にモチベーションは発生しません。モチベーションは情動の領域です。社長の言葉に、自身の情動が込められていなければ、社員の情動は共鳴しません。

もう1つの理由……「○○したいから」という「願い」を込めることが大切です。ところが、多くの社長が願いを伝えることが苦手です。伝える以前に、自分が何を願っているのかが分かっていないことが多いのです。

自分の願いを知るためには、社長自身がPPFを行いましょう。PPFで出た、自分の価値観が体現された会社、チームこそが、社長が望むものではないでしょうか？

ある社長は、中学生の頃、強烈な管理教育を受け、没個性の辛さを味わいました。その経験から、高校は、地域で最も自由な校風の学校を選びましたが、そこは、自由と好き勝手を履き違えていたと言います。

そんな中にあり、部活には真の自由がありました。部活動を通じ、真の自由は、自分の自由だけを主張するのではなく、互いの自由を尊重し、共創することで得られるということを学びました。

この社長は、自社を、そんな自由な会社にしたいと、社員さんに伝えました。社員を前に、「自分1人で経営をしていくことには限界があり苦しい」と、本当の思いを伝えた社長もいます。

これまでも常々、「顧客ニーズにいち早く応える」といった、建前上の理由は伝えてきましたが、社員の心には響きませんでした。

社長が八方塞がりになった時に、心の叫びとして、正直な気持ちを打ち明けたのです。社長の切なる思いを聞き、「社長に頼りっきりではいけない」と、チームは一体化しました。

ある社長は、学生時代、非常にヤンチャで、高校を数ヶ月で退学してしまいました。その後、社会の厳しさを痛感します。どこにも彼を雇ってくれる会社がないのです。彼は、コンプレックスをバネに「自動車屋を起業する」という夢を持ちました。トラックの運転手になり資金を貯めました。

10年ほどして、晴れて起業に成功。起業から数年で、会社は、数名の社員を雇用するまでに大きくなりました。組織ができたことで、彼は経営を学ぶようになりました。参加したセミナーで経営理念の大切さを知り、「自動車を通じ、地域社会の発展に貢献する」という理念を掲げました。

しかし、このあたりから会社がおかしくなっていきました。

理由は、彼の「本当の望み」ではないものを掲げたからです。社内には本音を言えない雰囲気が漂い、コミュニケーションが硬直化しました。悩んだ挙げ句、彼は、変な背伸びをやめ、自分の正直な思いを社員さんに伝えました。

「世間を見返してやりたいと思って、コンプレックスをバネに頑張ってきた。ウチら、みんなヤンチャだけど、こんな自分らでも、〝ここまでできるんだぜ〟ってことを世間に見せてやろう」

一気にチームに生命力が宿りました。

いかがでしょうか？　心が動いたエピソードはあったでしょうか？

経営理念は、等身大が一番です。高尚なものをつくろうとせず、現時点での、自分の本当の望みをもとにつくった方がチームは活力を帯びます。やがて、成長とともにバージョンアップすれば良いのです。

社長が思いを伝えたら、社員からも、「こんな会社にしたい」という思いを語ってもらいます。語りやすくするために、ガイドを用意すると良いでしょう。

「お客様から、どんな風に思われたいか?」「どんなクオリティの仕事をしたいか?」「社内の仲間と、どんな関係を築きたいか?」「どんな風土の会社にしたいか?」「地域社会から、どう思われたいか?」といったガイドがあると発言しやすくなります。

全員の意見が出るように、まずは付箋などに書きます。書いたら、2人~4人くらいの小グループをつくり発表し合います。その後、グループの代表者が、出た意見を全体に向け発表し共有します。

初めてこのワークを行うと、色んな意見が出てまとまらないかもしれませんが、無理にまとめようとせず、見守ることが大切です。対話を重ねることで、みんなの思いが徐々に練られ、チームのあるべき姿に統合されていきます。

人の思いは、時間とともに変化します。「親友プロセス」同様、思いの共有は、定期的に、何度も行いましょう。

ケーススタディ

全員の合意が得られるまでスタートしない本気の対話

これから紹介する事例は、親友プロセスと統合プロセスにおいて、妥協なき対話の重要性を私たちに教えてくれます。

社員数500人ほどのIT企業「A社」の、リーダーを含む6人のチームの、指示ゼロ経営への変容の物語です。

登場人物は、チームリーダーのKさん（女性）、5人の部下、Kさんが尊敬するメンター、組織開発コンサルタントの飯塚洋平さんです。

Kさんは、産休から復帰した直後にチームリーダーに就任しました。

チームリーダーは初めての経験です。それに加え、子育てのために時短勤務をしていたので、5人の部下に対し、常に的確な指示を出すことができないという悩みを抱えていました。

同社には、部下は上司の指示に従い業務を遂行するという文化が根付いており、部下が自発的に考え、行動することは稀です。また、上司の采配で仕事が進むので、部下同士の協働はほとんどありません。

Kさんの時短勤務による弊害はすぐに表面化しました。

Kさんが不在の時に顧客から問い合わせが来ても、部下が自分の判断で対応することができないため、対応が後手に回り、仕事が溜まっていく一方でした。対応が遅れれば、顧客からの信頼を失ってしまいます。

責任感が強いKさんは、このままではリーダーを続けることができない。辞退すべきではないか、と悩みました。そんな時に、普段からお世話になっているメンター、飯塚洋平さんを通じて指示ゼロ経営に出会いました。飯塚さんは、私が認める指示ゼロ経営マスターです。

Kさんは、飯塚さんから話を聞き、「この経営法なら今の悩みが解決するかもしれない」と期待を持ったそうです。

しかし、未知の経験で1人では不安が大きかったので、飯塚さんの助言を受けながら導入することにしました。

Kさんが最初に行ったことは、部下との個別面談です。自分の正直な気持ち……時短勤務で部下を管理しきれないこと、責任と孤独を感じていること、みんなに迷惑をかけてしまっている負い目などを、包み隠さずに伝えました。そして、指示ゼロ経営にしたいという願いを伝えました。

5人の部下のうち2人からは、導入に前向きな反応をもらいました。1人はどちらかといえば前向き、2人は消極的という反応でした。

その後、飯塚さんを交え、第1回目の全体ミーティングを行いました。Kさんは、改めて自分の悩みと、指示ゼロ経営導入の思いを伝え、みんなの考えを聞きました。反応は個別面談と同じでした。

2人の部下は前向き、1人はどちらかといえば前向き、2人からは、「あまり必要性を感じない」「あまり好きじゃない」「ただでさえ忙しいのに、新しい取り組みなんてできるのか？」という否定的な言葉が聞かれました。

Kさんは、上長から、自分のチームに指示ゼロ経営を取り入れる承諾を得ていたこともあり、勢いでこの会議を押し切ろうとしました。

「5人のうち3人が前向きなので……」

そう言いかけた時に、飯塚さんが割って入りました。

「ちょっと待って。多数決で決めてはダメだよ。反対意見も大切な意見だ。ちゃんと意見を聞いた方が良い。チームの未来を決める重要な決断だから、みんなが納得するまでしっかりと話し合おう」

メンバーの思いや考え方をじっくりと聞くために、改めて時間をつくり、ミーティングを行うことにしました。2回目のミーティングの冒頭に、飯塚さんは、無理に進めても上手くいかないことを再度確認しました。そして、「今ならストップもできる。ちゃんと話し合ってからにしようよ」と伝えました。

指示ゼロ経営の導入に否定的な2人のメンバーからは、「自分にとって、どんなメリットがあるか分からない」「そもそもチームワークって必要ですか？　正直、僕が入社してから、チームがちゃんと機能したという経験がない。それでも、なんとかやってこられた。今のままで良くないですか？」といった意見が出ました。

Kさんは、本音を言ってくれたことに感謝の気持ちを伝え、問いかけました。

「今のままで良くないか？　という意見が出たけど、今のチームってどんな状態だろう？」

すると、「向いている方向がバラバラ」という課題が浮き彫りになりました。そこで、「指示ゼロ経営を導入するかどうかは別として、自分たちのチームの理想について、1ヶ月間、考えてみよう」と提案し、合意が得られました。

3回目のミーティングからは、まずは、互いのことを知るために「親友プロセス」のPPFワークを行いました。互いの思いや価値観が分からなければ、理想のチームは描けないからです。

メンバーがペアになり、互いの思いや価値観と、それが形成されたであろう、過去の出来事、夢を紹介し合いました。このペアワークは、数回に分けて丁寧に行い、全員が互いを知ることができました。

次に、「統合プロセス」です。「どんなチームになったら、全員がハッピーに働けるか？」というテーマで、何度も何度も話し合いました。

理想の状態を言うだけでなく、その理由も添えます。理由の中には、仲間を慮るものもあり、この時点でチームワークが形成され始めたと言います。

話し合った結果、「コミュニケーションが円滑」「メンバーが互いを知っている」「自分たちのチームの役割を全員が知っている」「チームのビジョンを全員が知っている」など、世代や経験値が違うメンバーが、それぞれの視点で意見を出し合い、理想のチームのあり方をつくり上げていきました。

次に、飯塚さんの支援のもと、そのようなチームになるための育成計画を立てました。理想のチームの状態を指標化した**「チームの一人前指標」**をつくり、さらにそれを一人ひとりの行動に落とし込んだ、**「一人ひとりの一人前指標」**を定めました。

この育成計画をもとに、定期的に自分たちの状態をチェックしました。

メンバーは、これまでにない経験に、最初は戸惑っていましたが、すぐに自分たちで決め、行動する醍醐味を覚えたそうです。

飯塚さんは、メンバーがイキイキと仕事をする様子を見て言いました。

「これが、Kさんが目指す指示ゼロ経営というやつですよ」

気付けば、チームは指示ゼロ経営になっていたのです。飯塚さんの言葉でチームのPDS回転が加速しました。メンバーが主体となり、チームの育成計画をもとに、着実に成長していったそうです。

後日、成果が経営陣に認められ、その年の全社表彰を受賞したのです。

Kさんに、「指示ゼロ経営になって、チームにどんなことが起きましたか？」とお聞きすると、次のような変化を教えてくれました。

目に見える変化として、若手の発言量が5倍に増えたそうです。また、部下の中で最も仕事ができる方は、これまで自分の仕事が溜まっても仲間に助けを求めることができず、受注を断ることもあったそうです。しかし、チームが育ったことで、しっかりと受注できるようになりました。

ある日、大きな受注があった時に、その部下の方が言ったそうです。

「みんなで協力すればやっていけるでしょう！」

その言葉が本当に嬉しかったと、Kさんは語りました。


その後、Kさんは再び産休に入りましたが、メンバーの知恵で、チームの育成プロジェクトはさらに進化しています。

1年前までは「チームワークなんて必要ですか？」と言っていた部下が、今では、チームワークについて熱く語っています。

リーダーに就任した当初は、泣きながら溜まった仕事を片付けていたKさんが、今では、社内でも一目置かれるチームリーダーに成長したのです。


【同チームの実践のポイント】

経営者ではなく、中間管理職の方が指示ゼロ経営に挑戦されたことに敬意を表します。上長と部下に挟まれた中での決断は、本当に勇気がいることだったと思います。

実践のポイントを解説します。

1、急がば回れの好例です。安易に多数決をとったり、強引に押し切ったりせず、反対意見を持つ部下とも真摯に向き合い、根気よく対話をしました。強引に押し切ると、その時は良くても、後になり、押し切られた部下が組織の変容にブレーキをかけたり、抵抗勢力になったりすることがあります。

2、仕事は**「What」**（何を）**「How」**（どのように）やるかよりも、**「Why」**……なぜやるのか？　を考えることが重要です。成功する組織は、みんなが「Why」を知っています。Kさんは、建前上の「Why」ではなく、正直な思いを伝えました。必要性をいくら上手に説いても、部下のモチベーションに火はつきません。変なプライドがあったらできないことで、Kさんのしなやかな強さがあってこその実践なのだと思います。

「What」は、「自分たちの手で最高のチームをつくる」というプロジェクトです。このプロジェクトに取り組んでいたら、気付けば指示ゼロ経営になっていたという、非常に巧みな進め方をしました。

よくある間違いに、「What」……何をやるか？　に「指示ゼロ経営の導入」を置いてしまうことがあります。指示ゼロ経営は「How」です。何かしらのプロジェクト（What）に指示ゼロ経営（How）で取り組むという構図です。

事例では、自分たちにとって最高のチームをつくるというプロジェクトに取り組んでいたら、指示ゼロ経営になっていたのです。

部下の中には、指示ゼロ経営という言葉から、「放置される」「自立を強制される」というイメージを持ち、不安を抱く人がいます。

「Why」が共有できてからプロジェクトを決め、指示ゼロ経営の作法を活用して進めれば、このようなことが起きると思います。

階層2　解像度の高い「ビジョン」を共有する

「馬を水辺に連れていくことはできても、馬に水を飲ませることはできない」という、人をヤル気にさせる難しさを説いた諺があります。

図解 19

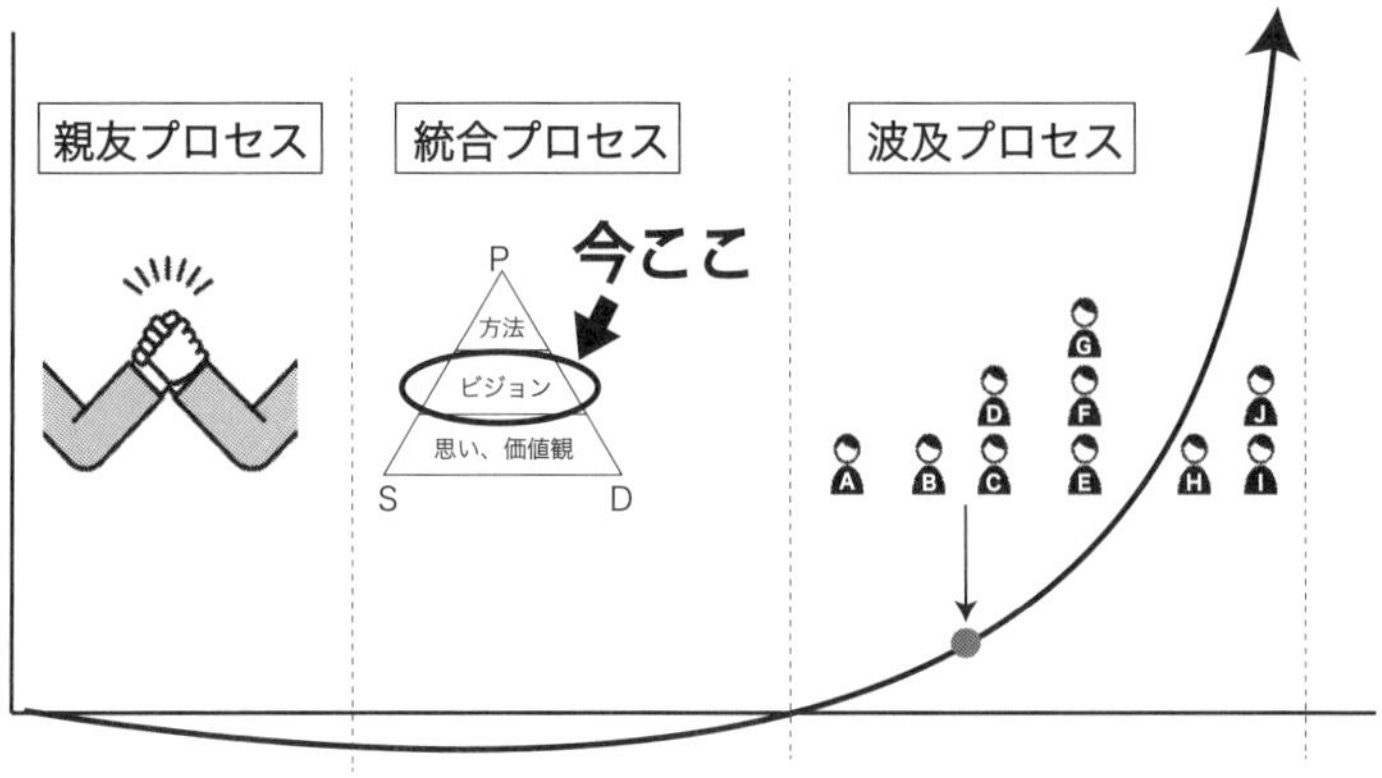

社長がビジョンを持っていても、それを社員が望まなければ実現は難しいでしょう。

厄介なことに、人は馬と違い、従うフリができるため、社長は、社員がその気になっていると思い込んでしまうことがあります。

社員が、「やりたい」と思い、「やる」と決断するプロセスが欠かせません。そのためには、解像度の高いビジョンが必要です。

（図解19）

ビジョンとは、自分たちの思い、価値観が開花したイメージです。目を閉じれば、未来の「その日」が動画で再生されるような、リアリティあふれるものです。

脳は、イメージした未来に「快」を感じると、「実現したい」というモチベーションが生まれ、実現に向けて活動します。いわば**「自動目標達成装置」**です。ワクワクするビジョンづくりは、階層1の「思い、価値観」の共有と同様、指示ゼロ経営の成否を左右する大事です。

私が、この重要性を知ったのは、息子が通っていた「才能教育研究会」（通称、スズキ・メソード）の「母語教育法」に出会った時です。

スズキ・メソードは、世界的なバイオリニストを多数輩出する、日本が世界に誇る音楽教育機関です。

母語教育法は、私たちが母語を習得したプロセスを応用した教育プログラムです。

私たちは、母語を、塾や学校ではなく家庭で習得しました。家族が楽しそうに会話をしているのを聞いて、「自分も会話の輪に加わりたい」というモチベーションを持ちました。そして、親という最高の先生と一緒に、会話を楽しんでいるうちに、自然と習得しました。

その習得レベルは、外国人からすれば天才的です。この、天才が育つプロセスを、音楽教育に応用したのがスズキ・メソードです。

息子は、3歳の時に教室に通い始めたのですが、教室に入ってからしばらくは、バイオリンは持たせてもらえず、挨拶の練習ばかりしていました。

その間、妻が練習をするのです。これは、母語習得と同じ環境をつくっているのです。妻が楽しそうに弾いているのを見て、自分が愉しくバイオリンを弾いているビジョンをイメージし、「僕にもやらせて」と言い出すのです。自ら望んでバイオリンを手にした息子は、着実に技術を習得していきました。

職場にも、親にあたる存在が必要です。その存在とは、自分たちの思い、価値観を体現したエピソードです。自分たちでPDSを回し、「心のごちそう」を手にし、喜んでいる姿がイメージできるものです。

それは3種類あります。

1、他社のエピソード
2、自社で実際に起きた過去のエピソード
3、「こうなったら良いな」という、想像上のエピソード

1と2の事例を紹介します。

1は、自分が顧客の立場で体験したものでも、経営の教科書に登場する伝説のエピソードでもOKです。有名なものを2つ紹介します。

◎市営バス

1990年、市営バスの運転手だったAさんは、お客様を乗せての仕事中、道路に倒れている女性を発見しました。女性は、頭から血を流しており、意識はありませんでした。Aさんは交通量の多い車線の真ん中にバスを停車し、後続の車を止め二次災害を防ぐ判断をしました。

消防署が近くにあるのに、10分経っても救急車は到着しません。Aさんは、「救急車は出払っている」と推測し、バスで女性を病院まで運ぶ決断をしますが、病院に行

くためには路線を外れる必要があります。

路線バスには、乗客が病気や怪我をした時以外は、路線を外れてはいけないというルールがあります。それでも、Aさんは女性を病院に運び、おかげで女性は一命を取り留めました。

バス会社は、Aさんの行動をどう評価したでしょうか。ルール違反をとがめることなく、それればかりか、社会に感動を与えた人を顕彰する「シチズン・オブ・ザ・イヤー」を与えました。

◎お子様ランチ

若い夫婦が、あるテーマパークのレストランに入りました。店員は、その夫婦を二人掛けのテーブルに案内し、メニューを渡しました。夫婦は、「お子様ランチを2つください」とオーダーしました。

しかし、店の規則で、9歳未満の子どもにしかお子様ランチの提供はできません。店員が丁寧に説明し、断ると、夫婦は悲しそうでした。

店員が事情を聞くと、夫婦が、「実は……」と話し始めました。

「今日は、亡くなった娘の誕生日なんです。私の体が弱く、娘は最初の誕生日を迎えることができませんでした。子どもがおなかの中にいる時に、主人と〝いつか3人でこのレストランでお子様ランチを食べようね〟と言っていたんですが、それは果たせませんでした。しばらく落ち込んでいましたが、最近やっと落ち着いて、亡き娘と、この遊園地に来て、3人で食事をしようと思ったものですから……」

店員は話を聞き終えると、夫婦を二人掛けのテーブルから、四人掛けの広いテーブルに案内しました。さらに、「お子様はこちらに」と、夫婦の間に子ども用の椅子を用意しました。店員はテーブルにお子様ランチを3つ運び、言いました。

「ご家族で、ごゆっくりお過ごしください」

次に、2の「自社で実際に起きた過去のエピソード」の事例を紹介します。

ある地方都市に、製造から販売までを一貫して行っている、100年以上の歴史を誇る家具店があります。

ある日、高齢の女性が来店し、店の中でも非常に高価な家具をお求めになりました。その家具は高価な上、100年以上も使えるものです。ひとり暮らしだという女性が、あと何年使えるのだろう？　と店員は戸惑いました。

すると女性が言いました。

「私は、この家具が欲しくて、今まで頑張って働いてお金を貯めてきました。私にとって、買うまでの長い時間も、この家具と一緒にいた時間なんです」

店員が体験したこのエピソードは、「こんな風に思われる家具をつくりたい」という象徴として大切にされています。

このように、エピソードを交えると、ビジョンの解像度が上がり、内面から湧き上がるモチベーションが発生します。

チーム内でビジョンを共有する際には、まず、社長を含むメンバー全員が紙に書いてから発表します。会議室ではない、リラックスできる空間で行うと良いでしょう。

社員により、描くビジョンは様々だと思いますが、階層1の「思い、価値観の共有」がある程度できていれば、方向性があまりにも違うものは出ないと思います。

ただし、会社の方針があまりにも大きく変わる場合は例外です。

例えば、「これまで指示100だったものを指示ゼロにする」「下請事業だった業態を、自分たちで商品を開発し、値段も決め、自力で販売する、攻めの事業に転換する」など、方針が大きく変わる場合は、ビジョンを描く前に、何度も、根気よく対話を重ねなければなりません。

それでも賛同しない社員が出ることがあります。その人数は、方針転換の度合いに比例します。中には、どうしても賛同できず退職する社員が出るかもしれません。

結果的には、その決断は互いにとって良いものになることが多いです。行き先が変われば、降りるのは当然です。

そうなった場合、その後の採用で、自社の価値観、ビジョンに共感する人を採用することが大切です。

解像度の高い「ビジョン」が共有されると、社員が使う言葉が変わります。社長が独断でビジョンをつくっていた場合では、社員は、「社長のビジョン」「会社のビジョン」という、どこか他人事のような言葉を使う傾向があります。

それが、自分たちが参画してつくると、「我々のビジョン」と言うようになります。私は、この現象を**「我々化」**と呼んでいます。

みんなが実現を望む会社のビジョンが描けたら、会社のビジョンと、「親友プロセス」のPPFで描いた、社員一人ひとりの夢とを統合します。会社のビジョンが実現した「その日」を想像し、そこに夢が叶った自分を登場させるのです。

「その日」のことが書かれた**「未来日記」**をみんなで書いても良いですし、みんなでワイワイガヤガヤと、その日のことを語り合っても良いでしょう。

夢が叶った自分の姿を想像してワクワクすれば、脳内の「自動目標達成装置」のセッティングは完了です。

指示ゼロ経営に対する不安を出し尽くす

大人は、挑戦に際し、様々な不安を抱くものです。

不安を抱えたままスタートすると、PDSの回転に支障をきたします。

「杞憂の9割は、起こらない」と言われますが、実際に起こらなくても、あらかじめ払拭できるものは、しておいた方が気分良く挑戦できます。

本項では、その方法を解説します。


指示ゼロ経営の実現に際して想定される、「好ましくないこと」「不安」をすべて出し尽くします。ネガティブな意見は言いづらいものですので、全員が、一旦、付箋に書いてから発表すると良いでしょう。

不安があったとしても、あるいは、本当に不安が的中してしまった場合でも、それを他人事にせずに、自分たちの課題として受け入れ、みんなの知恵でPDSを回し、解決すれば良いのです。要は、その決意ができるかどうかなのです。

書き出してみると、本当に様々な不安があることが分かります。

・好き勝手になるのでは
・特定の人に負担が集中するのでは
・責任の所在が曖昧になるのでは

・みんなが参画すると、意思決定が遅くなるのでは
・上司の代わりに仕切る人が出るのでは
・馴れ合いになるのでは

たくさん出るのですが、それらの根っこを探ると、「自分に責任が襲いかかる」「自分だけが取り残される」「自分が仲間に迷惑をかけるのでは？」という、恐れ、不安にたどり着きます。善良であるがゆえの不安です。

これらを払拭するためには、指示ゼロ経営のチームワークを確認する必要があります。チームは、1人では達成できないことを実現するためにつくります。

物理的に人手が足りないか、1人の能力ではできないという、どちらかの理由から結成されます。

大量生産・大量消費の時代では、前者の理由が多かったのですが、今は後者の理由が切実です。「一人ひとりは不完全な存在だが、能力を補い合い、全員が自分の役割をまっとうし、チームの目標を達成する」というチームワークです。

チームが成功することで、メンバー一人ひとりの夢が叶います。

これが真に理解されると、自ずと、チームワークは良くなります。自分1人が達成しても、仲間が未達成だと、全体として成果は出せず、結果的に誰も得をしないからです。仲間が困っていたら、躊躇なく助けに入ります。逆に、自分が困っていたら仲間に助けを求めます。

この様な助け合いができている状態を、私は、**「1人も見捨てない」**と呼んでいます。仲間も自分自身も見捨てないという意味です。1人も見捨てないことが、全員にとって、あらゆる意味で得なことなのです。

このようなチームワークは誰もが望むものですので、同意は容易に得られます。後は、やるか、やらないかの決断だけです。

決断すれば、恐れや不安は乗り越えることができるでしょう。

忘れてはいけないことは、決断を言葉にすることです。

具体的には、社長は「やる？」と社員に問うてください。「やる！」と言えば、完了です。「う～ん」と躊躇しているようなら、まだ十分に不安の解消ができていない証拠ですので、立ち戻って対話をすることです。

不安を出し切るプロセスは、社長にとっては、非常にやきもき、イライラするものです。しかし、この対話を通じ、指示ゼロ経営へのより深い理解と、チームの一体化が進みますので、勇気を出して、根気よく行ってください。

責任の定義を定めると、挑戦への不安が解消する

指示ゼロ経営は自由を尊重しますが、自由は、責任とセットで成り立ちます。

責任がない自由は「好き勝手」です。好き勝手な人に仕事を任せることはできません。誰かの管理下に置かれることに甘んじなければなりません。このことをメンバー全員が理解する必要があります。

責任について考えることは、挑戦への不安を解消する効果もあります。

責任の解釈は人によって違います。政治家が不祥事を起こした時に、「責任を取って辞任する」と言う人もいますし、「今後も政治家として頑張ることが、私の責任だ」

と言う人もいます。社員の中には、漠然と、「責任を取らされる」という不安を抱き、挑戦を躊躇する人がいます。

不安を解消するためには、チーム内に、前向きな責任のあり方を定める必要があります。

指示ゼロ経営には非常にシンプルな責任論があります。

責任には、**「取る責任」**と**「果たす責任」**の2つがあります。「取る責任」は社長にしか負えません。任せた以上、何があっても社長の責任です。具体的には、金銭的な責任と法的な責任です。

社員は「果たす責任」を負います。

果たす責任とは、PDSを回し続ける責任です。もし、最終的に失敗したとしても、最後まで諦めずにPDSを回し続けることです。この責任を果たさない人には仕事を任せることはできません。

指示ゼロ経営は、社長の「取る責任」と、社員の「果たす責任」が両立して機能します。

この責任論を全員の共通認識にすることが大切です。

「責任は私が取る」と宣言するとともに、「みんなには、決して諦めずにPDSを回し続ける責任がある」と、明確に求めることです。チーム内に責任論が確立すると、挑戦意欲は格段に高まります。

本章では、「親友プロセス」と「統合プロセス」に加え、指示ゼロ経営に対する不安の解消法を解説しました。これらは、社員が自分たちのチームのあり方を真剣に考える貴重な機会です。

社長は根気よく社員と向き合ってください。そうすれば、IT企業「A社」のように、気付けば指示ゼロ経営になっているでしょう。

「統合プロセス」の階層3「方法」については、社員が経営計画づくりに参画する方法や、賃金制度などボリュームが大きくなりますので、次章にまとめます。

▼チーム力は、「一度、落ちてから、急激に成長する」という成長曲線を描く。

その成長は、「親友プロセス」「統合プロセス」「波及プロセス」の三段階で成り立つ。

▼親友プロセス……本音を言い合っても分断しない、親友のような関係性を築くためには、互いの過去—現在—未来を深く知る「意味のある本質的な会話」を重ねる必要がある。（PPF）

▼統合プロセス……メンバー一人ひとりの夢を実現するためには、共通の目的・目標を定め、みんなの知恵と協働で会社を成功させることが求められる。統合プロセスでは、次の3つを社員とともに定める。

階層1「思い、価値観」自社の存在意義＝目的。（経営理念）

階層2「ビジョン」思い、価値観が開花した未来の姿＝目標。

階層3「方法」ビジョンを実現する手段。

▼挑戦する上での、恐れ、不安を出し尽くす。不安の多くは杞憂で終わるが、不安を抱えたままだと活動にブレーキがかかる。不安が出たとしても、「1人も見捨てない」チームワークをもとに、みんなでPDSを回し、不安が的中しないよう対策を立てれば良い。不安を解消した上で、「やる」という合意形成を得る。

▼指示ゼロ経営は、社長の「取る責任」と、社員の「果たす責任」の両立で機能する。社長は「責任は私が取る」と宣言し、社員に「決して諦めずにPDSを回し続ける責任がある」と求めることが重要となる。

第4章

実務編

階層3、ビジョンを実現する計画立案と、会社も社員も潤う賃金制度

経営計画づくりに必要な3つの視点

自分以外の誰かがつくったものに従うだけの経営計画は、時代に合いません。

社員が経営計画づくりに参画しないと、計画が自分事にならず、深い理解は得られません。

ある会社の経営計画発表会の1週間後に研修に入った際、多くの社員さんは、今期のスローガンすら覚えていませんでした。社長はショックを受けていましたが、社長がつくった経営計画書が悪かったわけでも、プレゼンが下手だったわけでも、まして、社員さんの能力が低いわけでもありません。

社員さんが「P」計画づくりに参画していないことが原因です。

変化が早い時代では、計画通りに進まないことが多く、何度も修正する必要がありますが、修正を社長や上司が主導すると、現場が混乱し疲弊してしまいます。

社員が全体計画を理解しないままに、役割が個々に割り当てられると、自分に割り当てられた部分しか見えず、「部分最適」に陥ります。

図解 20

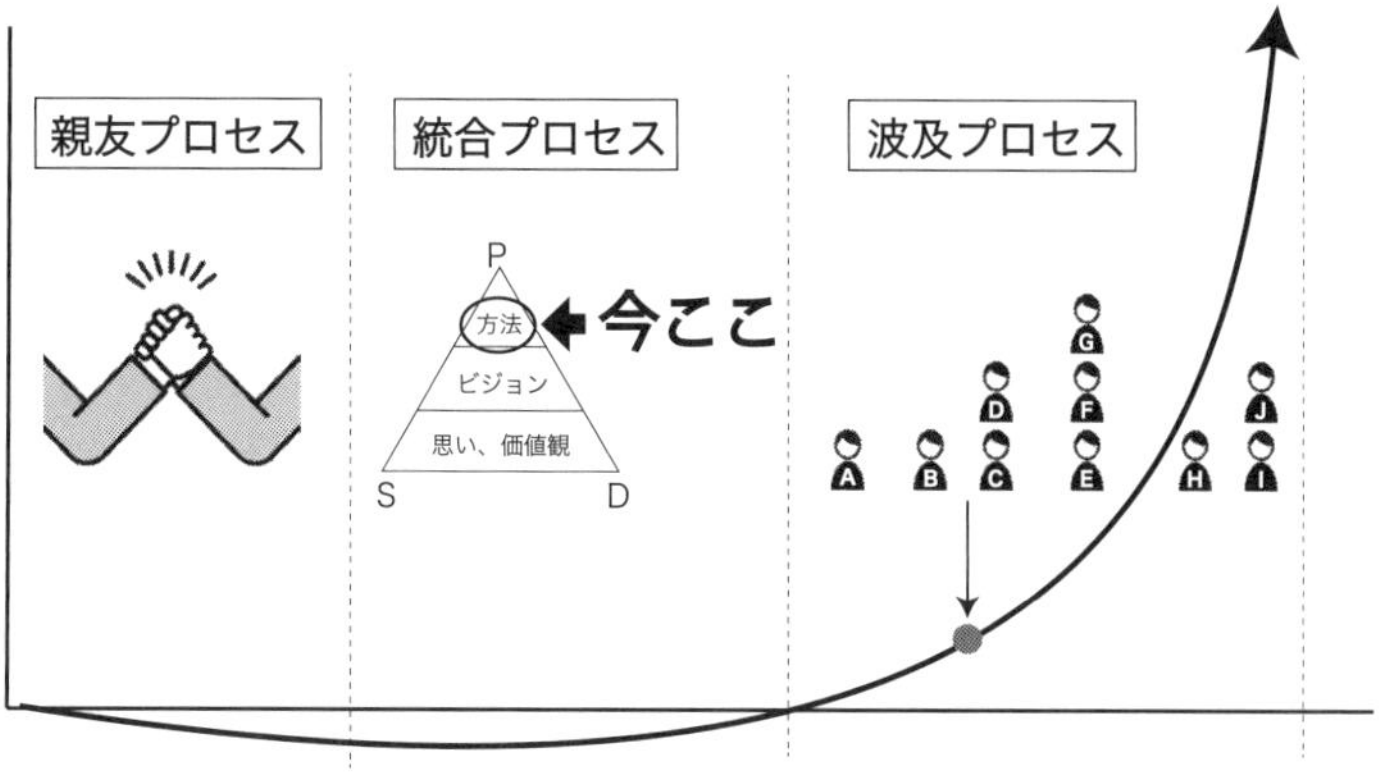

指示ゼロ経営では、社員が経営計画づくりに参画します。（図解20）

計画を修正することを前提にしているので、計画書を製本して一人ひとりに渡すことはしません。

大きな模造紙に計画を書き、それを見ながら日々、進捗を確認します。

困っている仲間がいれば、すぐに支援をします。途中で計画の見直しが必要になった場合は、速やかに修正を加えます。

図解 21

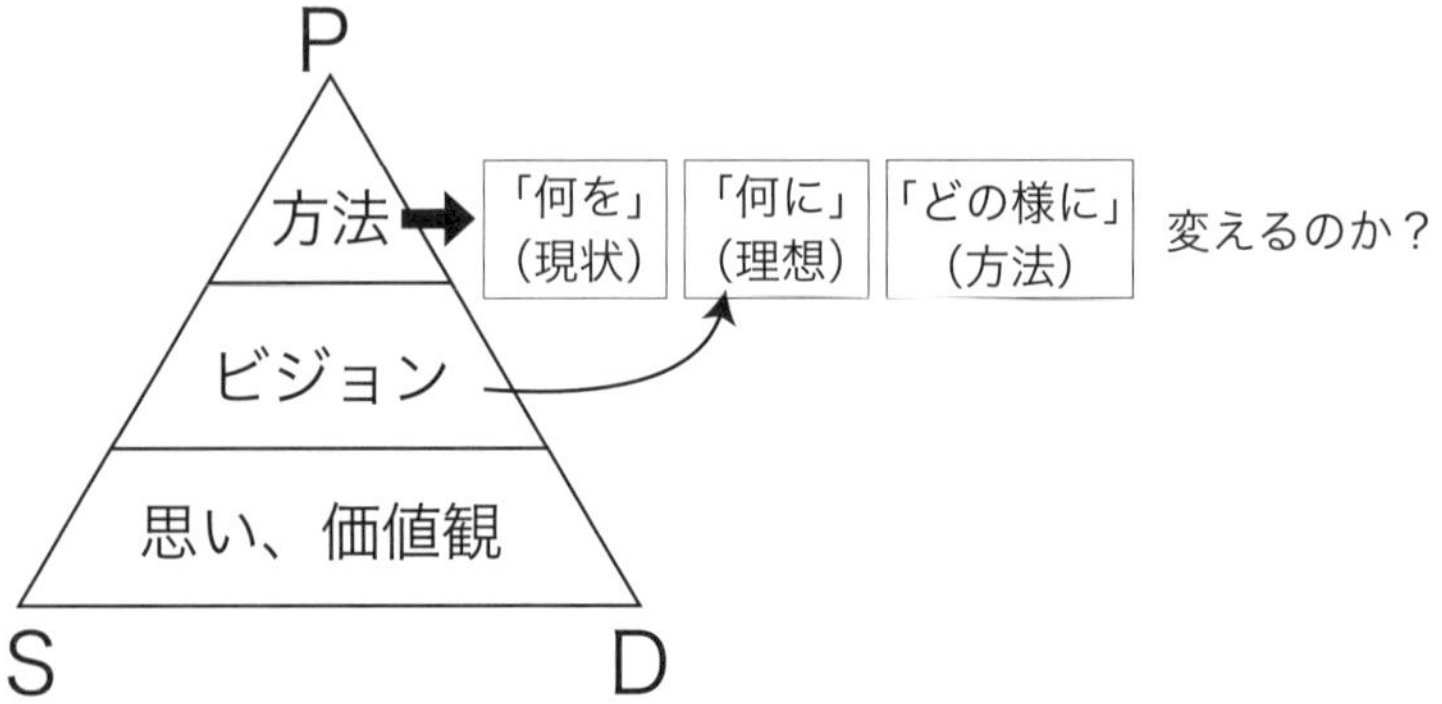

社員が参画して経営計画書をつくると、完成に時間がかかりそうですが、実際は数日でできてしまいます。

社長が1人でつくるよりも早いと思います。

慣れないうちは、多少時間がかかると思いますが、参画により計画が自分事になることで、実行力が格段に上がり、結果的に早く巧みな経営が実現します。

これから解説する、社員が経営計画づくりに参画する方法は、非常に原則的なものです。

自社独自の経営計画づくりを行っている場合でも応用ができると思います。

経営計画は、「何を」「何に」「どの様

に」変えるか？　というシンプルな思考でつくります。（図解21）

「何を」＝現状、スタート地点
「何に」＝理想、ゴール地点
「どの様に」＝ゴールに到達するためのアイデア
シンプルでありながら、非常に汎用性の高い計画立案の思考法です。

新聞配達の現場で、クレームが多いという問題があったとします。この問題に対し、次のような計画を立てることができます。

「何を」
1ヶ月あたり10件のクレームが発生している。その内訳は、配り忘れが2件、銘柄違いが7件、雨濡れが1件。

「何に」
1ヶ月あたり3件に減らす。配り忘れと雨濡れを0件、配り間違いを3件に減らす。

「どの様に」
アイデア①ポストに入れる前に、必ず顧客台帳を確認してから入れる。
アイデア②天気に関係なく、新聞をポストに完全に入れる。
アイデア③ポストに完全に入れると、顧客が、新聞が入っていないと勘違いするので、事前の集金時に、完全に入れることを伝える。

計画立案の会議では、話し合いの内容を、「何を」「何に」「どの様に」の3つのうちの、どれかに絞ることが重要です。

ある人は現状の問題点（何を）を、別の人はアイデア（どの様に）を、また別の人は、理想（何に）を語っているということが起きると、会議は混乱します。付箋などを使わずに口頭だけで話し合いを行うことも混乱を招きます。

一体、今、何について話し合っているかが分からなくなり、イライラが募り、口論になるかもしれません。話し合いのポイントを定め、付箋に書いてから話し合うようにしましょう。

社員が経営計画づくりに参画する方法

このシンプルな計画立案法を、指示ゼロ経営に応用すると、次のようになります。

「何を」＝現状、スタート地点
「何に」＝「統合プロセス」で共有した「ビジョン」（数値予測も含む）
「どの様に」＝ゴールに到達するためのアイデア

具体的な進め方を、図解をもとに説明します。

必要なものは、大きな模造紙、サインペン（太・細）、付箋、そして、上下関係のない自由な雰囲気です。

1、「何を」＝現状をすべて付箋に書き、（図解22）を写した模造紙の一番下の枠に貼り出します。

現状は、「起きている問題」「経営数字」「自社ビジネスが置かれている状況」（新聞店で言えば、「デジタル化の影響で、紙の新聞のビジネスモデルが賞味期限切れを起こしている」といったこと）を詳しく書きます。

①メンバー全員に付箋に書き出してもらいます。1つの項目を1つの付箋に書きます。思慮深い人ほど積極的に発言しない傾向にあります。書くことで、そういう人の素晴らしい意見を表舞台に上げることができます。

書けたら小グループ（2人〜4人）をつくり、グループ内で発表します。発表しながら、同じ意見はまとめていきます。

②グループの代表者が、出た意見を全体に発表し、まとめを行います。

③現状の問題点がたくさん出ると思います。それらの問題の因果関係をみんなで考えます。「これが起きるから、結果として、これが起きる」という具合に。根本問題だと思われるものを特定し、その付箋を赤い丸で囲みます。

2、「何に」＝理想を模造紙（図解22）の上段部分に書きます。

統合プロセスで共有した「ビジョン」と、それが具現化した時に、はじき出される

図解 22

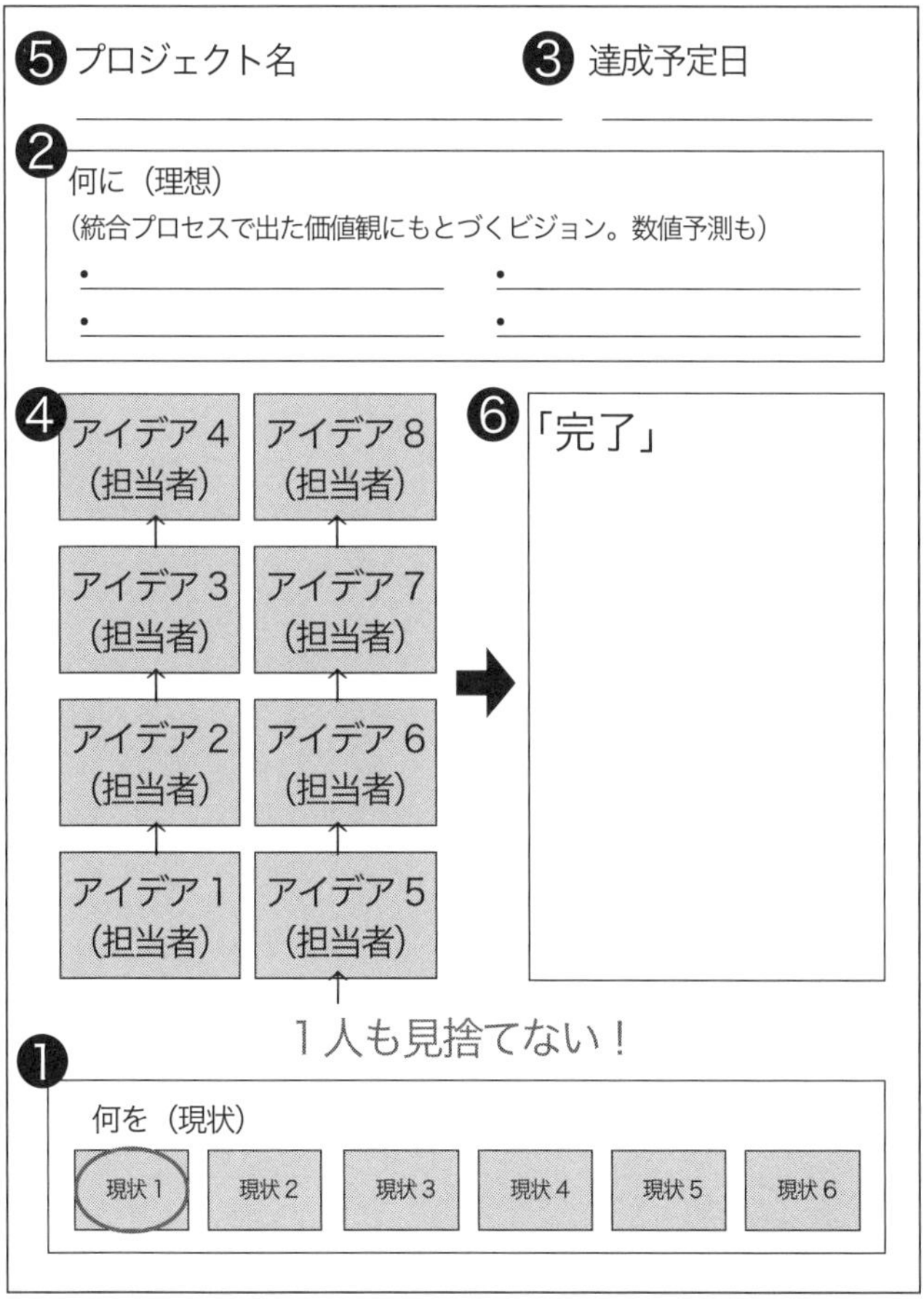

❺ プロジェクト名
❸ 達成予定日
❷ 何に（理想）
（統合プロセスで出た価値観にもとづくビジョン。数値予測も）
❹
アイデア4（担当者）
アイデア8（担当者）
アイデア3（担当者）
アイデア7（担当者）
アイデア2（担当者）
アイデア6（担当者）
アイデア1（担当者）
アイデア5（担当者）
❻ 「完了」
1人も見捨てない！
❶ 何を（現状）
現状1
現状2
現状3
現状4
現状5
現状6

であろう「数値予測」を書きます。数値予測には、売上総利益は必ず入れます。社員の賃金に関連するからです。

ここで2つの点をチェックします。1点は、描いたビジョンは、「統合プロセス」で社員と共有した、階層1「思い、価値観」が体現されているかということです。階層1を礎につくられたビジョンには、顧客や社内の仲間の喜ぶ姿があるはずです。実現すれば、多くの「心のごちそう」が得られます。『再生産システム』をつくる大事ですので、自己中心的なビジョンになっていないか、注意が必要です。

もう1点は、ビジョンは、「1、何を」で出た根本問題が解決すれば実現するものになっているか？　という点です。

例えば、新聞業界では、「求人難」「新聞購読者の減少」「折り込みチラシの減少」「離職増加」「訪問しても面会してもらえない」といった現状に悩まされていますが、これらの根本問題は**「ビジネスモデルの賞味期限切れ」**です。

賞味期限切れを起こしていると、どんなに頑張っても成果が出ません。それなのに頑張ってしまうと営業が強引になり、お客様に嫌われてしまいます。

その結果、面会ができなくなり、新聞購読者はさらに減ります。部数が減れば折り込みチラシも減ります。お客様に嫌われる仕事をすると離職が増えます。世間にマイナスイメージが定着し、求人をしても人が集まらなくなってしまいます。

このように、起きている様々な問題は、「ビジネスモデルの賞味期限切れ」から派生しているのです。

もし、ここで、根本問題を無視したビジョン、例えば「営業を改善し、新聞購読者を増やす」などというものを描いたら、すべてが狂ってしまいます。

「2、何に」の理想には、新しいビジネスモデルが確立された様子を描く必要があります。ビジョンと根本問題との間に整合性が取れていなければ、ビジョンを描き直す必要があります。

3、ビジョンが実現する日付を記入します。

4、「何を」（現状）と「何に」（理想）が定まったら、次は、「どの様に」……理想を実現するためのアイデアを出します。

アイデア出しも、まずは一人ひとりが付箋に書き、小グループ内で発表し合い、全体でまとめます。まとめている途中で、新しいアイデアが出たら、それも付箋に書きます。次に、出たアイデアの取捨選択を行い、ビジョンの実現に必要なアイデアだけに絞り込みます。あれもこれもと、てんこ盛りにすると上手くいきません。

この時に、アイデアの実行担当者を決め、付箋に名前を書きます。アイデアによっては、複数人が担当することもあります。

最後に、どのアイデアから着手するか、順番を決めます。模造紙には、優先順位が高いアイデアを下から貼っていきます。

当社では、新聞のビジネスモデルの賞味期限切れという現状を踏まえ、２０１０年に、ビジネスモデルの転換を決断しました。

当社が大切にする思い、価値観は、指示ゼロ経営の原点である「人には役割がある」というものです。働く人が、自分の個性、才能を活かし、他者の役に立ち、「あなたに出会えて良かった」と言われる開花の人生を送ることです。

この思いから、社内で行っている指示ゼロ経営を、地域に拡張するという方針を定め、ビジョンを描きました。

地域は様々な問題を抱えていますが、問題が多様化しているため、行政依存では解決しません。地域の課題は地域で自律的に解決することが求められます。

そこで、指示ゼロ経営のノウハウを活用し、自律的に活動する地域づくりを目指しました。

例えば、自動車免許証を返納した独居老人の生活支援という問題があります。

この問題を解決するアイデアの1つとして、お弁当の宅配があります。地域には素晴らしい農家がいます。素敵なレストランもあります。農家が育てた、安全で新鮮な野菜を使ったお弁当をつくり、当社が配達することができます。

このように、地域内で自律的な活動が活性化すれば、多くの問題が解決されますし、地域に住む人が輝くと考えたのです。

当社は、こうした場をコーディネートする役割を担います。行政から、地域づくり事業の指定管理業者に認定してもらうことで、安定した運営が可能になります。

この他にも、当社では、読者向けの手づくり新聞を20年以上にわたり発行しており、多くの方に親しまれています。地域活動の様子を定期的に広報することで、活動を盛り上げることができます。

２０１０年に構想したビジョンの多くが実現しています。詳細は、前著をお読みください。

5、ワクワクするプロジェクト名を決めます。

これで「P」計画は完成です。「D」実践を始めます。

6、アイデアを実行し、完了したら、模造紙（図解22）のアイデアが書かれた付箋を右側の四角い枠の中に移動します。こうすることで、メンバー一人ひとりと、全体の進捗がひと目で分かります。

「S」検証は、模造紙の計画書をもとに、1〜2週間に1度の頻度で行います。検証ミーティングでチェックするポイントは2つです。

・付箋の移動は順調か?
・このまま進めば、ビジョンは実現するか?

移動されない付箋がある場合、担当者が悩んでいたり、仕事が滞っていたりするかもしれません。そんな時は、「1人も見捨てない」の原則に基づき、状況を確認し、素早く支援します。

全部の付箋が右側の枠に移動すれば、ビジョンは実現するはずです。

しかし、大抵、やっていくうちに「このまま進めてもビジョンには到達しない」とか、「ビジョンには近づいているが、必要な売上総利益には到達しない」といったことに気付き、計画を修正する必要に迫られます。その場合、直ちに修正のための会議を開きます。

ここまで、社員が経営計画づくりに参画する方法を解説しました。

次の項から、賃金制度について解説します。経営計画で立てた「数値予測」(売上総利益)が社員の賃金に反映される仕組みです。

売上総利益に連動した賃金の決め方

指示ゼロ経営では、**「望みの統合」**を重要視します。

社長が望むことを、社員が同じように望めば、ベクトルが1つの方向に集結します。望みが分離していたら、望まない社員をコントロールしなければならず、アメとムチの使い分けが必要になります。

すると、経営が複雑になり、労力もコストも増大します。「ロウソクの問題」のように、社員の自発性と創造性が破壊されてしまいます。


非常に重要な要件にもかかわらず、賃金に関しては、多くの企業で分離が起きています。社長は人件費を抑えたい、社員はたくさん欲しい、という分離です。

分離を解消するためには、業績（売上総利益）で賃金が決まる仕組みが必要です。

この仕組みがあると、社員は、経営計画の利益予測を立てた時点で、自分たちの賃金を見積ることができます。

ここからは賃金の仕組みについて解説します。

第1章で述べたように、賃金（総額人件費＝全社員の人件費合計）は、「売上総利益」に比例します。売上総利益が増えれば総額人件費は増えます。

指示ゼロ経営の風土で生産性が高まり、今いる限られたメンバーで、より多くの売上総利益を稼ぐことができれば、社員1人あたりの賃金は増えるのです。

製造業や建設業の場合、売上総利益は、必ず**「直接原価計算」**という方法で算出する必要があります。

これらの業種が税務署に提出する決算書は、**「全部原価計算」**という方法でつくられています。製造に携わる社員の賃金や、工場の家賃など、製造に関わるすべての経費を原価に含め、製造単価を計算しています。

これでは企業の正しい利益は把握できません。

製品をつくるために使った原材料の原価のみで製造単価を計算する、「直接原価計算」で売上総利益を算出する必要があります。

小売業は関係ありませんが、製造業の場合、「全部原価計算」を「直接原価計算」

に置き換えて売上総利益を算出してください。

詳細は、私のパートナーコンサルタントが解説した7分間の無料動画がありますので、そちらをご覧ください。→

具体的な数字をもとに、売上総利益に連動した賃金の決め方について解説します。

まず、**「社員労働分配率」**という指標を出します。

「売上総利益に対する、社員の総額人件費の割合」を指します。

次の計算式で算出します。


社員労働分配率（％）＝社員の総額人件費÷売上総利益×１００

例えば、売上総利益が1億円で、社員の総額人件費が５０００万円の場合、社員労働分配率は50％になります。

社員労働分配率は、過去5年間ほどの決算書から算出します。イレギュラーに売上総利益が増えたり減ったりした期があれば排除するのが良いと思います。

社員の総額人件費に役員報酬は含めません。その理由は、「指示ゼロ経営式賃金制度」は、社員の賃金を決めるためのものだからです。社員は、利益の分配をその期のうちに、決算賞与で受け取ります。決算賞与は役員も受け取れますが、条件がある上に、手続きが面倒で、受け取らないケースが多いのが実情です。

また、役員報酬は、期中には簡単に変えることができません。運用が固定的なのです。支給の条件、方法が大きく違うので、分けて計算します。

社員労働分配率を算出したら、経営計画を立てた時に出した「利益予測」から総額人件費を計算することができます。

前述の例、「売上総利益＝1億円、総額人件費＝５０００万円、社員労働分配率＝50％」で試算します。

経営計画を立てた時点で、売上総利益の予測が1億１０００万円になる見込みだとします。これが達成されると、売上総利益が１０００万円増えます。

これを社員と会社で分配します。分配の割合に定めはありませんが、社員労働分配率が50％なので、５００万円を社員に、５００万円を会社に、と分配するのが最もオーソドックスな方法です。

ただし、借り入れの状況など、その企業特有の事情を勘案して変えることはあります。その場合でも、原則として、分配の割合は、経営計画を立てる時に定めなければなりません。後出しジャンケンは禁止です。

賃上げ額から、必要な売上総利益を逆算する方法

この賃金制度を応用すると、賃上げ額から、必要な売上総利益を逆算することができます。

そのためには、社員労働分配率に加え、もう1つの指標が必要です。私が**「稼ぎ倍率」**と呼ぶもので、算出法は次の通りです。

稼ぎ倍率＝売上総利益÷社員の総額人件費

売上総利益が1億円で、社員の総額人件費が５０００万円の場合、「稼ぎ倍率」は

2・0になります。

稼ぎ倍率が意味するところは、「社員が人件費の何倍、売上総利益を稼いでいるか」ということです。

稼ぎ倍率により、賃上げ額から、必要な売上総利益が分かります。

例えば、今期5000万円だった総額人件費を、来期は500万円増やして、5500万円にしたいと考えたとします。

稼ぎ倍率は2・0ですので、売上総利益は1億1000万円必要になります。これが達成できれば、売上総利益の増額分、1000万円を社員と会社で分配します。

オーソドックスに社員労働分配率の50％を適用した場合、社員の総額人件費は目論見通り500万円増えます。会社の利益も500万円増えます。


この方法には非常に重大な注意点があります。

無理な賃上げ目標を設定すると、第2章で述べた、「成熟社会における繁栄の因果」を破壊するような、雑な仕事をする危険性があります。

売上総利益は、『再生産システム』が稼働した結果として訪れる「現象」です。

「現象」に目を奪われ、肝心な「繁栄の因果」がおろそかにならないように細心の注意を払ってください。

「繁栄の因果」を大切にして経営計画を立てると、売上総利益も賃金も、自然と、無理のない緩やかな成長カーブを描くはずです。

売上総利益の最低目標も自動的に決まる

企業には、「最低限、これだけはクリアしたい」という、現実的な数値があります。一般的には**「最低目標」**などと呼ばれます。これは、企業により算出法が様々で、中には社長の勘で決めているところもあります。

最も多いのは、「昨年対比１００％」だと思います。

「最悪でも衰退はさせない」という意思が込められていますが、これは正しい数値計画ではありません。

その理由は、定期昇給があるからです。定期昇給をした分、売上総利益を増やす必要があります。

これまでの事例同様、売上総利益が1億円、総額人件費が5000万円（社員労働分配率＝50％　稼ぎ倍率＝2・0）の場合で考えてみましょう。

仮に、定期昇給の増額分を50万円とします。（全社員の1年間の合計額）

すると、総額人件費の予定額は、5050万円になります。稼ぎ倍率の2・0をかけると、必要な売上総利益は、1億100万円になります。

もし、1億円を超えても、この数値に達しなかった場合、企業は、数値的には衰退したと捉えるべきです。

総額人件費を個々の社員に分配する基本ルール

総額人件費が決まったら、それを、個々の社員に分配します。

社員の中には賃金が高い（分配が大きい）人も、低い（分配が小さい）人もいます。その違いを決める基本要件は、携わっている仕事の「役割責任の重さ」です。役割責任とは「意思決定の売上総利益への影響力の大きさ」を指します。

役割責任が重ければ、賃金は高くなります。同時に、業績による「賃金の変動」も大きくなります。

賃金は、「役割責任の重さ」、「賃金額」、「賃金の変動」の三要素で決まるのです。三要素はバランスが取れていることが大切です。（図解23）

例えば、部長は、課長に比べ役割責任が重いはずです。賃金は、それに見合うように課長よりも高く設定されます。その代わり、売上総利益の増減に合わせ、課長よりも賃金は大きく変動します。

「役割責任の重さ」、「賃金額」、「賃金の変動」の三角形が大きいのです。

図解 23

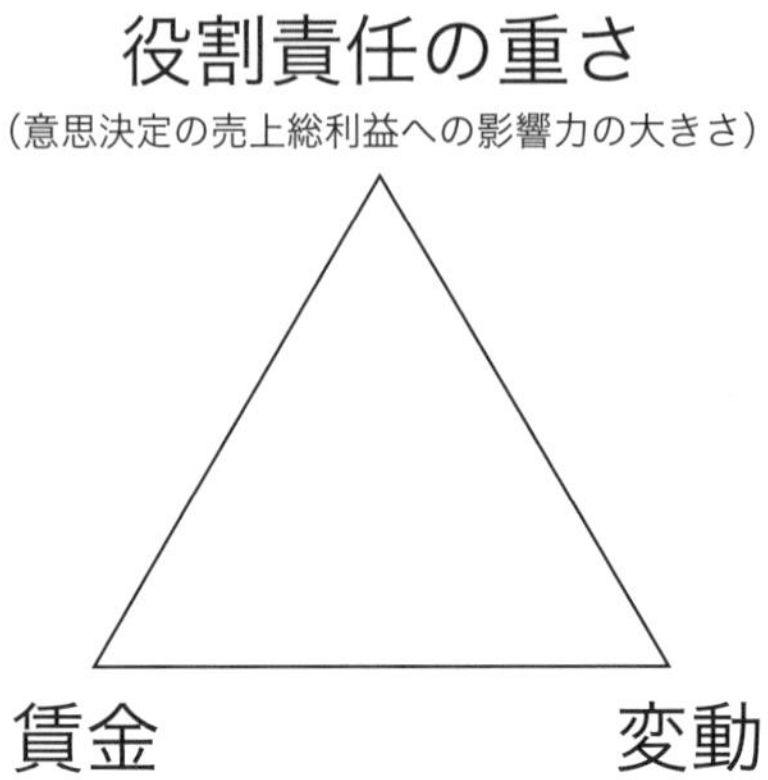

三角形のバランスが崩れると不具合が生じます。

役割責任が小さい一般社員が、業績に応じて賃金が大きく変動すれば、不満を感じるでしょう。役割責任が大きい社員の賃金が低いと不満が出るでしょうし、業績に関係なく賃金が支給されたら無責任になってしまいます。三角形のバランスが崩れ、いびつな形になるのは避けなければなりません。

日本の賃金が上がらない原因の1つに、社長と社員で、三角形の大きさが極端に違うことがあります。

社長が大き過ぎ、社員が小さ過ぎるのです。

その原因は、「決めるのは社長。実行するのは社員」というトップダウンの構造、例の『斜めの線』が入った構図です。

これだと、業績が下がった時に社員の賃金を下げると、「私たちは言われた通りにやった。社長の戦略ミスの責任を私たちが取るんですか?」と不満が噴出します。

先行きが見えない時代では、社長は、イザという時に備え、業績が上がった時にも、利益を社員に還元せずに、蓄えに回してしまいます。

つまり、社員は、役割責任が小さく、賃金も低く、変動も少ないという三角形のバランスに落ち着いてしまうのです。

企業が指示ゼロ経営になると、社員も意思決定に参画するようになります。三角形が大きくなり、それに見合った待遇になっていくのです。

役割責任の重さ、変動、賃金額のバランスを反映し、社内に、役割に応じた等級を定めます。中小企業では、等級は3つで十分です。

一等級……心を込めて作業を行うとともに、チーム内で学び合い、業務改善の活動にも参加する。

二等級……作業の段取りを組む。チーム内の学び合い、業務改善活動の場づくりを行う。

三等級……会社の未来を創造するプロジェクトを立ち上げ、一等級、二等級の仲間を巻き込み、遂行する役割。もしくは特定の分野を極める専門職。

等級が大きくなるほど、三角形は大きくなります。

等級が少ないと感じるかもしれませんが、チームの機能的には、この3つで十分です。各等級の役割も抽象的です。

業務内容に関する具体的な記述をしないのは、それ以外の仕事ができなくなってしまうのを防ぐためです。

組織は何かを遂行するために結成されます。変化が激しい時代では、やることが変わり、社員の仕事も変わります。変幻自在にするために、役割を抽象的にしているのです。

当社の場合、新聞配達員は一等級ですが、役割は「新聞配達の作業員」とは定めていません。あくまでも、「心を込めて作業を行う。チームで学び合い、業務改善に参画する」です。

新しいプロジェクトは三等級の社員が、「この指とまれ方式」で立ち上げ、チームを結成します。

プロジェクトに一等級の新聞配達員が参加した場合、そこでは、新聞配達ではない、一等級の仕事をします。

各等級の基本給は**「基本給表」**で定めています。(図解24)

すべての社員が一等級の1号、基本給197，800円からスタートします。採用時に、三等級で働くことを条件に入社した場合でも、一等級の仕事からスタートします。3年後に二等級に、6年後に三等級にステップアップします。入社して6年間は、毎年5号昇給します。

図解 24

基本給表

	一等級	二等級	三等級
1	初任給 197,800	218,500	244,450
2	199,180	220,230	246,620
3	200,560	221,960	248,790
4	201,940	223,690	250,960
5	203,320	225,420	253,130
6	204,700	227,150	255,300
7	206,080	228,880	257,470
8	207,460	230,610	259,640
9	208,840	232,340	261,810
10	210,220	234,070	263,980
11	211,600	235,800	266,150
12	212,980	237,530	268,320
13	214,360	239,260	270,490
14	215,740	240,990	272,660
15	217,120	242,720	274,830
16	3年後 218,500	6年後 244,450	277,000
17	219,880	246,180	279,170
18	221,260	247,910	281,340
19	222,640	249,640	283,510
20	224,020	251,370	285,680

入社3年後には一等級16号になり、基本給が218,500円になります。ここで二等級に昇格し、基本給は二等級1号（218,500円）にスライドします。

同様に、入社6年後には二等級16号（244,450円）になり、三等級に昇格し、基本給は三等級1号（244,450円）にスライドします。

この事例は、三等級で働くことを条件に入社した場合の昇格の方法です。中には、ずっと一等級で働きたいという人もいます。その場合は、昇格をせずに、売上総利益に応じ「号」だけが上がっていきます。

紹介した「基本給表」は、当社が使っていたものですので、自社の現状に合わせて設定を変えてください。

現在、使っている制度が問題なく運用できていれば、無理して変える必要はありません。大切なことは、「役割責任の重さ」、「賃金額」、「賃金の変動」の三要素のバランスが取れていることです。

賞与原資（賞与総額）の決め方

三要素の原則を踏まえた上で、総額人件費を分配する具体的な方法を説明します。
総額人件費の内訳は、**「月例賃金」**と**「賞与」**です。
支払い総額に、法定福利費（社会保険料と労働保険料の企業負担分）を含めます。

総額人件費＝「月例賃金」＋「賞与」＋「法定福利費」

月例賃金は安定的に支給します。月例賃金が不安定だと離職が増えますし、安心して働くことができず、創造性に悪影響を及ぼします。月例賃金が安定するとなると、変動は賞与で行われます。

〈例1〉総額人件費が5000万円、その内訳が、月例賃金の総額が4000万円、賞与総額が1000万円という例で考えてみます。（図解25）

図解 **25**

売上総利益が増え、総額人件費が５５００万円に増えた場合、月例賃金の昇給がなければ、賞与総額は１５００万円になります。

逆に、売上総利益が下がり、総額人件費が４５００万円になった場合、賞与総額は５００万円になります。

〈例2〉定期昇給があった場合の算出法です。

総額人件費が５０００万円、その内訳が、月例賃金の総額が４０００万円、賞与総額が１０００万円という企業が、翌期、総額人件費が５５００万円に増えたとします。

図解 26

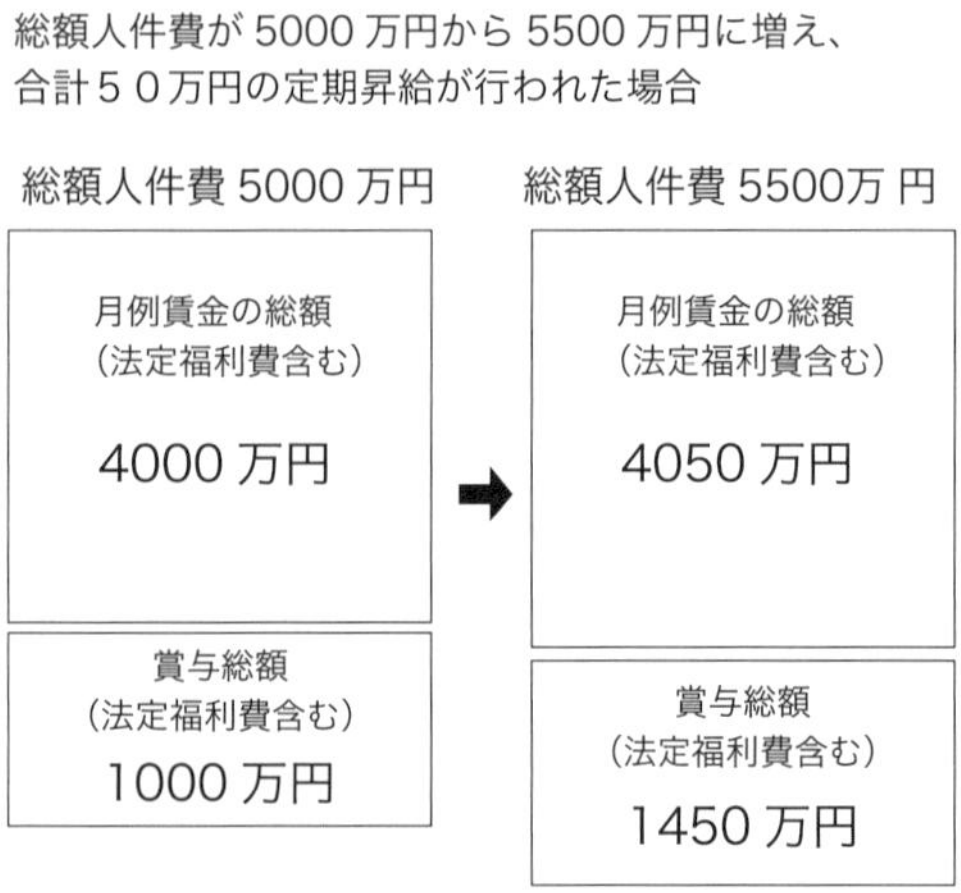

総額人件費が5000万円から5500万円に増え、
合計５０万円の定期昇給が行われた場合

定期昇給も行われ、定期昇給の全社員の年間合計額が50万円だったとします。

この場合、月例賃金の総額が４０５０万円になりますので、総額人件費５５００万円から４０５０万円を差し引いた、１４５０万円が賞与総額となります。(図解26)

企業によっては、賞与を「基本給の○ヶ月分」といった、固定的な出し方をしているところがあります。その賞与は、性質上、月例賃金と同じです。

その場合は、月例賃金とみなして計算します。

指示ゼロ経営式賃金制度の賞与は、業績を反映した**「決算賞与」**なのです。

賞与原資を個々の社員に公正に分配するために

賞与総額が決まったら、次は、社員一人ひとりに分配します。多くの企業が人事評価を行い、成績に応じて分配を変える方法を取っています。

人事評価は、**「保有能力」**と**「発揮能力」**の2つのモノサシで行われます。保有能力とは、文字通り、持っている能力のことです。例えば、マネージャーになる人は、その能力を持っている人ということです。評価は、マネージャーの役割に合った等級を与えることで行われます。

しかし、保有能力が高くても、発揮されなければ宝の持ち腐れです。そこで、保有能力がどの程度、発揮されたかを測り、評価します。賞与や昇給の際に、一般的に行われる人事評価がこれに当たります。

ところが、多くの企業で人事評価が上手く機能していません。

その原因は2つあります。

1、部分最適に陥るような仕組みになっている。

人事評価が原因で部分最適に陥ることがあります。その典型は、インセンティブ(成功報酬)です。営業の世界で支払われる、「1件契約すれば○○円」といった報奨金です。

みんなの知恵と協働でPDSを回す経営を目指すなら、インセンティブは即刻、廃止してください。自分のインセンティブに意識が向き、全体の成果を考えられなくなるからです。

相対評価も合いません。

相対評価には、社員を、評価の高い順から、S・A・B・C・Dのランクで成績付けをするといったものがあります。S評価は全体の10%、A評価は20%……などと分布を決め、賞与の原資を、評価ごとの配分率に応じて支給します。

当然、競争原理が働き、部分最適に陥ります。メンバー同士の利害が相反し、助け合いや学び合いは起きず、チーム力が低下する可能性があります。

2、過去の精算になっている。

人事評価の性質が、過去半年間なり1年間の「精算」の意味合いになっていると上手くいきません。

本来、人事評価は、人とチームが育つためにあります。未来志向であるべきです。それが過去の精算になってしまうのは、賞与や昇給といった処遇を決めるための道具になってしまっているからです。過去の精算では人もチームも育ちません。精算されて過去がご破算になるだけです。

低い評価を受け、賞与を減らされた社員は、「次は頑張るぞ」と前向きになるかというと、そうとは限らず、賞与を減らされたという「罰」を受けたのだからチャラになった、と捉える傾向があるのです。

全体最適、かつ、未来志向の人事評価

指示ゼロ経営では、処遇を決めるための人事評価は行いません。全体最適、かつ、未来志向の人事評価を行います。それは、「パラダイムが違う」と言うほどに、従来のあり方と異なります。

1.「全体最適の人事評価」

２０２２年、東洋経済オンラインに、「8割の社員が人事評価制度の結果に満足しない訳」という記事が載りました。中には、「正しく評価されないのなら頑張らない」という人までいました。

人事評価への不満は、発揮能力の評価に関するものが多数を占めます。

「私が、あの人よりも低評価なんて納得できない」「あの人は、周りのサポートがあって成果を上げたのに、サポートした人が正しく評価されていない」「上司は私の一面しか見ていない」という類の不満です。

社長や上司であれば、チーム全体の成果を一番に考え、全員が、持っている力をいかんなく発揮して欲しいと願うはずです。評価で揉めている会社を見る度、私は素朴な疑問を持つようになりました。

「どうして部下は、上司と同じように、それを願わないのか？」と。

考えられる原因は２つあります。

1つは、前述の相対評価が行われていることです。

もう1つはチームワークへの理解不足です。指示ゼロ経営のチームワークの基本は、「1人も見捨てない」です。

1人も見捨てないことで全体最適が実現し成果を上げます。

舞台と同じです。主役、脇役、エキストラ、木の役、様々なキャストがいますが、素晴らしい舞台は、全員がそれぞれの役割をまっとうして、初めて完成します。

スポーツチームも同じです。メンバー一人ひとりが自分のポジションで、最高のプレーをしないと勝てません。仲間に活躍して欲しいから、ミスがあっても「ドンマイ」と言って励まします。調子が悪い仲間には、アドバイスや支援の手を差し伸べますし、プレー中も積極的にフォローに入ります。

チームワークが真に理解されると、メンバーは全体最適のために、自分にできる行動を取るようになります。

会議で発言しない人がいた場合、本人に注意を与える前に仲間が動きます。発言しない原因は、自分よりもよく喋る人がいるからかもしれません。

仲間の誰かが、「○○さん、何か意見はないですか?」と聞きます。あるいは、「全員の意見が出るように付箋に書いてから発表しよう」と提案する人が出ます。常に、行動の基準が全体最適なのです。

全体最適が実現すると、社員が使う「人称」が変わります。

部分最適では、自分本位なので、「私が」「あの人が」という人称が多く使われます。全体最適になると、チーム本位なので「私たちは」という人称が増えます。メンバー同士が支援し合い、全員が能力を発揮するので、成果を上げた時に、「誰の手柄でしたか?」と聞くと、みんながこう答えます。

「誰の手柄と特定はできない。全員でつくり上げたとしか言えない」

「パラダイムが違う」とは、こういうことなのです。「1人も見捨てない」チームワークが真に理解されると、「個々の評価が必要ない」「個々を評価しようがない」という状態になるのです。

人事評価の精度を上げることよりも、この様な世界を目指すことで、人もチームも育つと、私は考えています。

図解 27

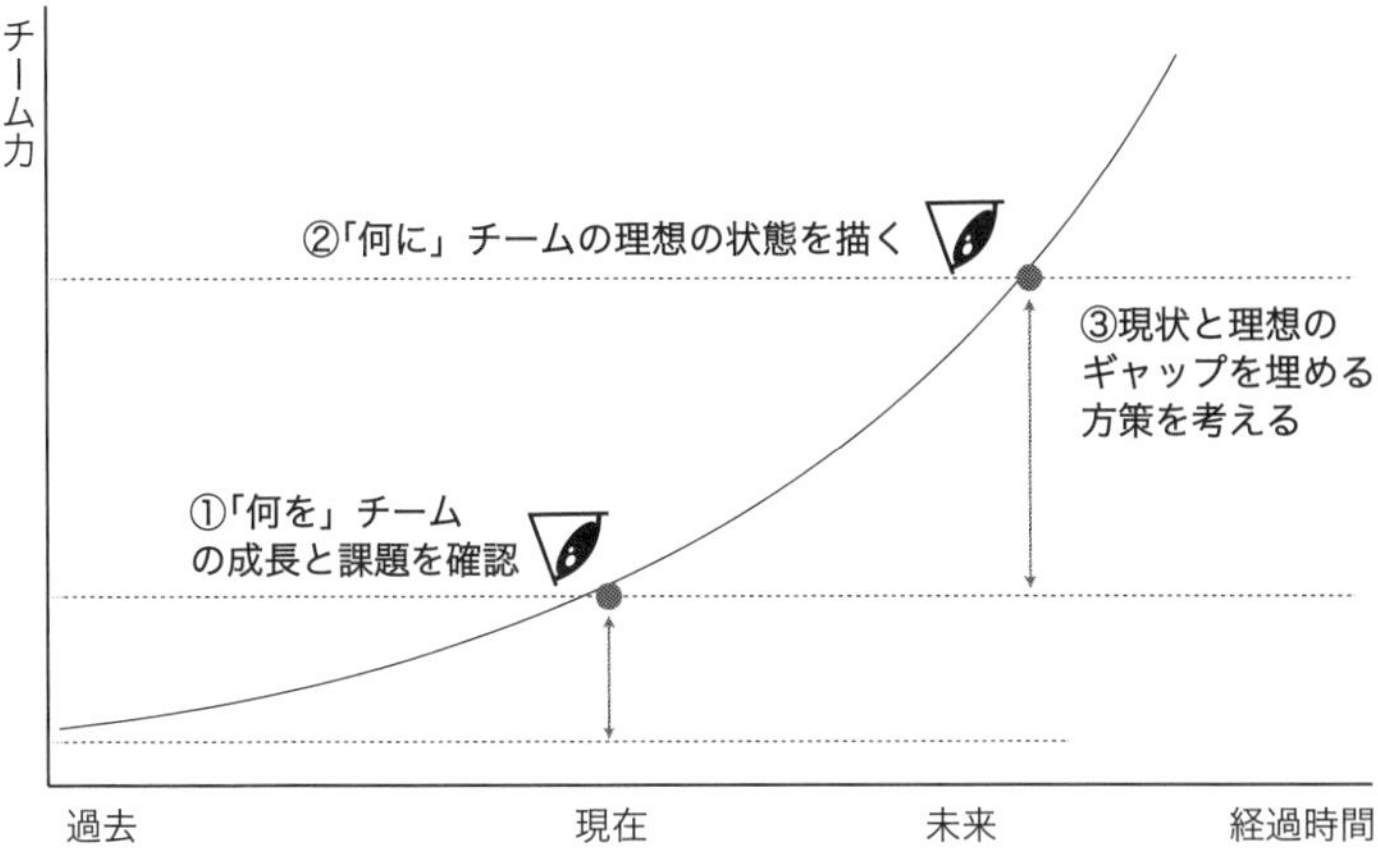

2.「未来志向の人事評価」

指示ゼロ経営では、未来志向で自分たちのチームを評価します。評価に用いる思考ツールは「何を」「何に」「どの様に」の3点セットです。（図解27）

「何を」

社長、上司も加わり、3ヶ月に1度ほど、チームの状態をチェックします。真っ先にチェックするポイントは、「統合プロセス」の階層1……思い、価値観に基づく行動ができているかどうかです。つい、土台となる思いや価値観を飛ばして、階層3……「方法」だけに目が行きがちなので注意が必要です。

「何に」

現状を確認したら、3ヶ月後にチームはどうなっていたいか、何ができるようになっていたいか、理想を描きます。

「どの様に」

理想を実現するために、メンバー一人ひとりがやることを決めます。

ある会社では、指示ゼロ経営を導入して1年が経ちました。この1年間を振り返る会議が設けられ、私も同席しました。

同社が大切にしている思い、価値観は**「共創」**です。会議が始まる前の雑談中に、ある社員さんが「そんなに成長していないんじゃない？」と自信なさげにつぶやきました。しかし実際は、多くの成長が見られました。

1年前は、自分の仕事しか見えていませんでした。困っている仲間がいても助けないどころか、仲間に関心を持っていないので、困っていることすら気付かなかったと言います。今では、日々、「調子どう？　大丈夫？」と仲間に確認をしたり、「倉庫に行くけど、何か必要なものある？」と聞くようになったと言います。

3ヶ月後の理想では、「日常業務だけでなく、経営計画の内容に関しても、仲間の進捗を意識できるようになりたい」という意見や、「勉強会をして、仲間から学ぶ機会をつくりたい」という意見が出ました。

これらを、今後3ヶ月間の成長課題に設定し、そのための計画を立てました。

振り返りは社員主体で行いますが、社長、上司も加わり、客観的な視点から指摘とアドバイスを与えることが大切です。

自分たちのことは客観的に見ることができず、過小評価をしたり、逆に、自分たちに都合よく評価をしたりしがちだからです。

自己評価が習慣化されると、自律的に学習するチームになりますし、チームの成長を確認でき、自信を持てるようになります。チームの定例行事として、定期的に開催することをお勧めします。

個々の賞与金額の決め方

賞与原資を一人ひとりに分配する、具体的な方法を紹介します。

前提は、「全員の協働で上げた成果なので、誰の手柄という特定はできない」という全体最適のチームワークがあることです。社員を個別に評価して、賞与に差をつけることはしません。代表的な方法を2つ紹介します。

1．平等に山分けする

単純に、人数で割って山分けする方法です。小さな会社の場合、全員が1人何役も担っています。等級で区切ることができないため、平等に山分けすることがあります。

2．基本給に比例して分配する

この方法は、当社がやってきた方法です。数字を使って説明します。（図解28）

賞与原資が100万円あるとします。社員は、Aさん、Bさん、Cさんの3人で

図解 28

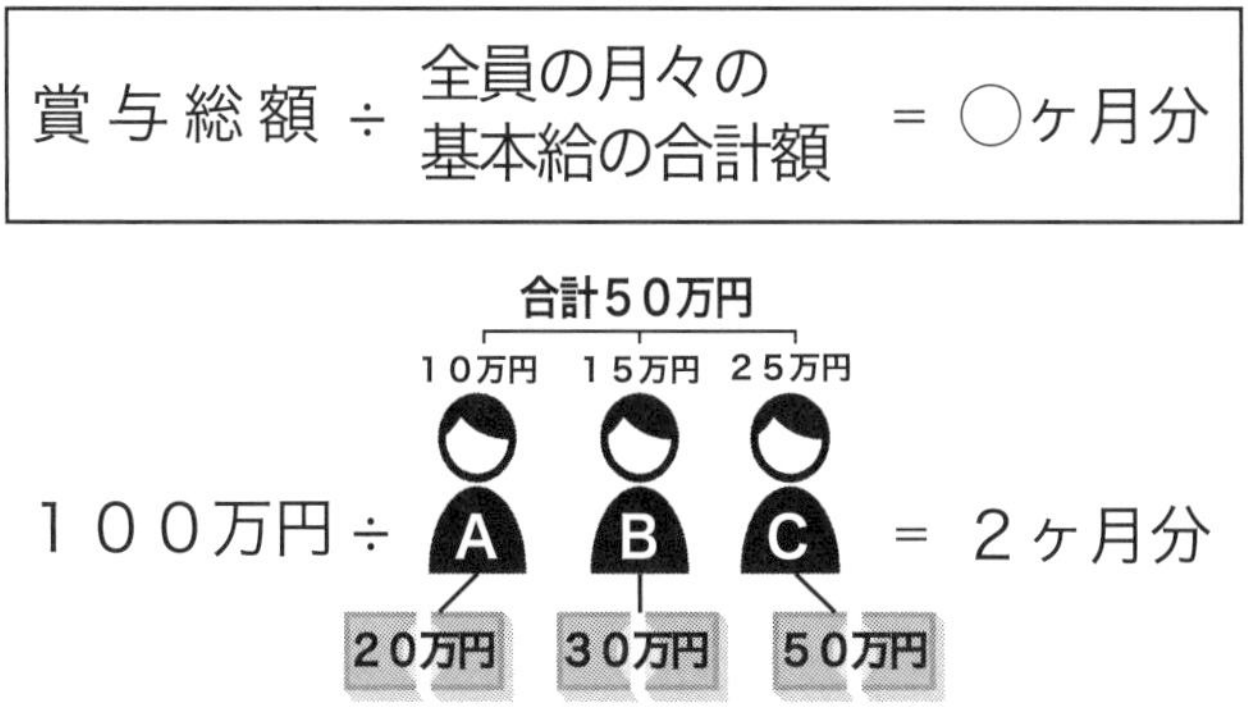

す。月々の基本給は、Aさんが10万円、Bさんは15万円、Cさんは25万円、全員の合計は50万円です。賞与原資を、全員の月々の基本給の合計額で割ると、全体として、賞与が基本給の何ヶ月分かが計算されます。

事例では、100万円÷50万円＝2ヶ月分です。各人の基本給に2をかけたものが、各人の賞与額です。

賞与額は、Aさんが20万円、Bさんは30万円、Cさんは50万円になります。

この方法は、基本給が多い人……等級が高い人や、勤続年数が長い人の賞与額が大きくなります。お子さんがいて、養育費にお金がかかる社員に少しでも多く支給されるように、基本給に、月々支給される家族手当を加えた金額で計算する企業もあります。

代表的な方法を紹介しましたが、分配法に正解はありません。

企業によっては、十分なチームワークと人材育成ができておらず、個々の発揮能力に大きな差がある場合があります。

この状態で、賞与に差がつかないと納得を得られないので、暫定的に、成績をつけて分配に差をつける場合もあります。この場合、極端な差をつけて、部分最適に陥らないように注意が必要です。

数年後には「誰の手柄という特定はできない」というチームワークをつくることを、全員の目標に掲げ、人材育成とチームワークづくりに励むことが大切です。

他にも、個々の社員の評価は行うが、処遇には一切、反映させないという方法をとる企業もあります。

分配法は、紹介したもの以外にも数多くありますので、自社に合った方法を模索してください。要は、全体最適を生むものであれば良いのです。人事評価制度は、あくまでも「制度」なので、不具合があれば変えれば良いのです。

ただし、変更を社長1人で行うと不満の矛先が社長に集中して収拾がつかなくなることがあります。

みんなが納得できる制度にするためには、社員が制度づくりの「PDS」に参画することが大切です。社員数が多い会社の場合、プロジェクトチームを結成する方法も有効です。

まずは賞与で支給し、翌期以降に、月例賃金に振り替えていく

賞与が増えたら、翌期以降の定期昇給で月例賃金に振り替えることが理想です。

定期昇給は、基本給表の「号」を上げることで行います。何号上げるかに関して決まったルールはありませんが、社員の生活が安定することを第一に考え判断すること

が大切です。

当社では、売上総利益の増加、物価の変動、社会保険料率の変更、消費税率の変更などを参考に、2号〜5号上げてきました。


ある企業では、みんなの知恵と協働により売上総利益が増え、社員の賞与総額が増えました。翌期は、昨今の物価高から社員の生活を守るために、月例賃金を1万円ほど引き上げました。売上総利益が変わらなければ、月例賃金が増えた分、賞与総額が減ります。社長は、期首の決起大会で、「今期もみんなで力を合わせ、前期と同じ賞与がもらえるだけの業績をつくろう」と提言しました。実現すれば、月例賃金が増えた分、社員の年収が上がります。

社員を慮る、素晴らしい社長だと、私は感心しました。


この事例には、もう1つ有益な学びがあります。

賃金は衛生要因なので、この提言で社員のモチベーションが上がることはありません。社長は、『再生産システム』のエンジンを回すキッカケとして、この提言を行ったのです。いわば、エンジンを点火するためのセルの役割です。
エンジンが回り始めたら、社員は協働する愉しさや、心のごちそうといった動機づけ要因を体験し、仕事そのものを愉しんでいるそうです。

生産性を上げ、社員1人あたりの賃金を上げる

私は、多くの社長から、「社員に、忙しいから人を増やして欲しいと言われる」という相談を受けます。売上総利益に関係なく賃金が支給されている会社で、よく起きることです。

売上総利益が増えても、比例して社員数が増えては、1人あたりの賃金は上がりません。賃金を上げるためには、今いる、限られたメンバーで売上総利益を増やす必要があります。

指示ゼロ経営式賃金制度を導入すると、社員は、安易に人を増やそうとは言わなくなります。今いるメンバーでやり繰りができるように、業務の効率化を目指します。

業務の効率化と言うと、DX化が思い浮かびますが、その前にすべきことがありま

す。それは、**「効果のない仕事をやめること」**です。社内には、以前からやっているからという理由で、効果がないにもかかわらず続けている業務が意外に多くあります。

当社では、新しい事業に着手する際に、すべての業務の仕分けを行いました。効果があるかないかの選別法は、従事者に「その仕事は何のためにやっていますか？」と質問をすることです。即答できない場合、試しにやめてみます。やめてみて不都合がなければ廃止します。不都合があれば復活させれば良いのです。

とにかく試してみることをお勧めします。試しにやめてみると、時間をかける割には効果がない業務がたくさん出ると思います。

業務の効率化は、会社だけでなく、社員にとってもメリットがあることなのでスムーズに進むと思います。

選別は長期視点で行うことが欠かせません。業務の中には、やめても、すぐには困らないが重要なものがあります。

スティーブン・コヴィー博士が、『7つの習慣』で説いたタスク管理法に、**「緊急度と重要度のマトリクス」**があります。

縦軸に「重要度」、横軸に「緊急度」を取ると、次の4つの領域ができます。

1、重要度も緊急度も高い仕事
2、重要度が高いが、緊急度が低い仕事
3、緊急度が高いが、重要度が低い仕事
4、重要度も緊急度も低い仕事

やめて、直ちに不都合が生じる業務は、1の「重要度も緊急度も高い仕事」です。

2の「重要度が高いが、緊急度が低い仕事」は、やめても直ちに不具合は生じません。しかし、それらは『再生産システム』のような、企業の繁栄を左右する重要な業務です。この大事な業務をやめてしまわないように、長期的な視点で判断することが大切です。

業務効率が良くなると、売上総利益が増えても、それに正比例して固定費が増えず、売上総利益に対する経常利益率が上がります。そうなったら、社員労働分配率を引き上げることができます。

社員数が変わる時は、一時的に社員労働分配率を変える

売上総利益が増えることを見越して社員数を増やしたものの、結果的に売上総利益が増えなかったというケースがあります。この場合、公式通りに計算すると、社員1人あたりの賃金は減ってしまいます。

しかし、私は、社員ファーストの措置を取ることが大切だと考えています。当社がこのような事態に直面した時には、誰1人、賃金が減らないように社員労働分配率を一時的に引き上げました。

ただし、これは一時的な措置です。

社員には、「3年後には社員労働分配率を元に戻す。その間に、適正な売上総利益にしていこう」と伝えました。社員は、これに合意の上、私と同じ危機感を持ち、仕事に励んでくれました。

衰退産業に身を置く企業が、賃金制度を導入する際の注意点

衰退産業で賃金制度を導入する際にも注意が必要です。「人件費抑制のために導入するのでは？」と疑う社員が出る可能性があります。

当社がそうでした。新聞業界が衰退期に入っていたからです。疑いを持った社員は、仲間に話さずにはいられません。あっという間に、社内に疑心暗鬼が広がりました。

幸いにも、その状況を私に伝えてくれた社員がいたので、対策を立てることができました。5年間は売上総利益が下がっても、賃金が下がらないように、社員労働分配率を上げるという措置を取りました。

これは効きました。5年後には、新しいビジネスモデルを開花させなければなりません。当時、描いていたビジョンに明確なタイムリミットが設定されたことで、全員が本気になりました。

制度よりも使い方、使い方よりも企業風土が重要

賃金制度は、制度よりも使い方が重要です。賃金は衛生要因なので、賃金制度を導入しても、社員のヤル気もチーム力も高まりません。社長が社員のヤル気をコントロールするために使うと逆効果です。

経営計画を立てる時に、自分たちの賃金の見通しが立ち、不安や疑問がなく、気持ちよくスタートが切れれば良いと思います。いわば、ロケットの第1燃料みたいなものです。

スタートを切り、仲間とPDSを回す愉しさや、他者に喜ばれる醍醐味を味わうと、仕事そのものを愉しむようになります。ロケットの燃料が第2燃料に切り替わるのです。

やがて、第3燃料に点火します。仲間と協働する中で、独自の才能が発揮され、自分の居場所ができるという、自己実現の悦びです。こうなると、社員は仕事が愉しくてしょうがなくなるでしょう。

さらに言うと、使い方よりも企業風土で有効性が決まります。

風土の大切さを物語る事例を紹介します。

あるホテルは、「宿泊部門」、「レストラン部門」、「ウェディング部門」の3部門で展開しています。

それぞれが独立採算制で運営されており、部分最適に陥っていました。互いの強みを活かし相乗効果を生むことはありません。統一感は失われ、魅力が低下し、業績が悪化しました。

そこで、社長は独立採算制を廃止し、全体最適を目指しました。その結果、次のようなアイデアが生まれました。

3部門の中で、最も粗利額が大きいウェディングの受注を、部門を超えた協働で増やすというシナリオです。

その作戦として、ウェディングフェアの見学に来たカップルに、一泊3万円もする部屋に無料で宿泊してもらうという、大胆なアイデアが出ました。とは言っても、原価はシーツの交換やアメニティなど、そんなにはかかりません。レストラン部門では、見学に来たカップル専用のメニューを用意し、最高のおもてなしをします。

この作戦により、見事ウェディングの受注を増やし業績を回復させました。独立採算制を続けていたら、このような協働は起きなかったでしょう。

非常に商売上手な事例ですが、私は、こうした事例の背景にある、見えない風土に注目しています。

独立採算制を採用した企業を調べると、キッカケは採算部門からの不満というケースが多くあります。

「自分たちは努力して利益を上げているのに、不採算部門と一緒にされたくない」という不満です。

社長は採算部門からの苦情なので、無視するわけにもいかず、独立採算制を導入してしまいます。

長期的な視点で観ると正しい判断ではありません。いつか、部門間の立場が逆転することも考えられますが、その時に、他の部門は助けてくれないでしょう。ホテルの事例のような相乗効果も生まれません。

こうした不条理が起きる原因は、風土の浅さにあります。

思考が「今だけ、金だけ、自分だけ」になっているのです。短期視点で判断して、長期で損をするという典型的なケースです。

今だけでなく、将来のことを考えた意思決定をすること。
金銭的な富だけでなく、精神的な豊かさを追求すること。
自分だけでなく、部門を超えた仲間、顧客、地域といった広い範囲の幸せと繁栄を考えること。

これらは風土に裏打ちされた価値観があってこその判断です。

ホテルの事例は、単なる商いのテクニックではなく、風土の醸成により実現したのではないかと私は推測しています。

第4章のまとめ

▼指示ゼロ経営では、「何を」、「何に」、「どの様に」の3つの視点で、社員が経営計画づくりに参画する。

▼社員労働分配率から売上総利益に連動した総額人件費を決める。社員労働分配率（％）＝（社員の総額人件費÷売上総利益×１００）と稼ぎ倍率＝（売上総利益÷社員の総額人件費）を定めると、賃上げ額から逆算した必要な売上総利益を算出することができる。ただし、無理な賃上げ目標を設定しないよう注意が必要。

▼売上総利益の最低目標も自動的に決まる。定期昇給をした分、総額人件費が増えるので、その分、売上総利益を増やす必要がある。

▼「役割責任の重さ」、「賃金額」、「賃金の変動」の三要素のバランスを考慮し、３つの等級をつくり、基本給を決める。

▼人事評価は、全体最適、かつ、未来志向で行う。全員が保有能力を

発揮し、「誰の手柄か、評価しようがない」という全体最適のチームワークを目指す。

▼定期的にチームの状態を自己評価し、さらなる成長のための課題を設定する。

▼個々の賞与金額の決め方は、全体最適のチームワークがある場合、「山分け」か「基本給比例方式」で行うと良い。賃金制度には絶対的な解が無いため、不具合があれば、みんなの知恵で変えれば良い。

▼賞与が増えたら、社員の生活が安定するように、その後の定期昇給で月例賃金に振り替えていくことが大切。

▼限られた人数で生産性を高めることで、社員1人あたりの賃金が上がる。そのために、仕事の仕分けを行い、効果のない仕事をやめる。

▼社員数が増えても、すぐに売上総利益が増えない場合、社員1人あたりの賃金が下がらないように、一時的に社員労働分配率を引き上げる。同様に、衰退産業に身を置く企業が賃金制度を導入する際も、ビジネスモデルの転換に必要な期間中は、社員労働分配率を引き上げ、

社員の賃金が下がらないように配慮する。

▼賃金制度、評価制度は、制度自体よりも使い方、使い方よりも企業風土で有効性が決まる。

第5章

実務編

波及プロセスで、チーム内に指示ゼロ経営の文化を伝播させる

人間集団の変容メカニズム

話が経営から離れますが、我が家には薪ストーブがあります。柔らかい暖かさが家中に広がり、とても心地よいですし、揺れる炎を見ていると心が癒やされます。

難点は、少々点火が難しく、時間がかかることです。

薪ストーブは、ある臨界点まで火がおこれば、後は放っておいても炎は広がります。臨界点に到達しないと、火は弱っていき、気付けば消えてしまいます。私はストーブに火をつける度に、炎が広がる様子は、指示ゼロ経営がチーム内に波及する様子に似ていると思うのです。

薪ストーブに火をつけるコツは、いきなり太い薪を使おうとせずに、最初は、焚き付け用の割り箸くらいの太さのものに火をつけ、徐々に太いものを足していくことです。

チーム内に指示ゼロ経営の風土が広がるのも同じ要領です。火がつきやすいメンバーから徐々に広がり、臨界点を超え、一気にチーム内に炎が広がります。（図解29）

図解 29

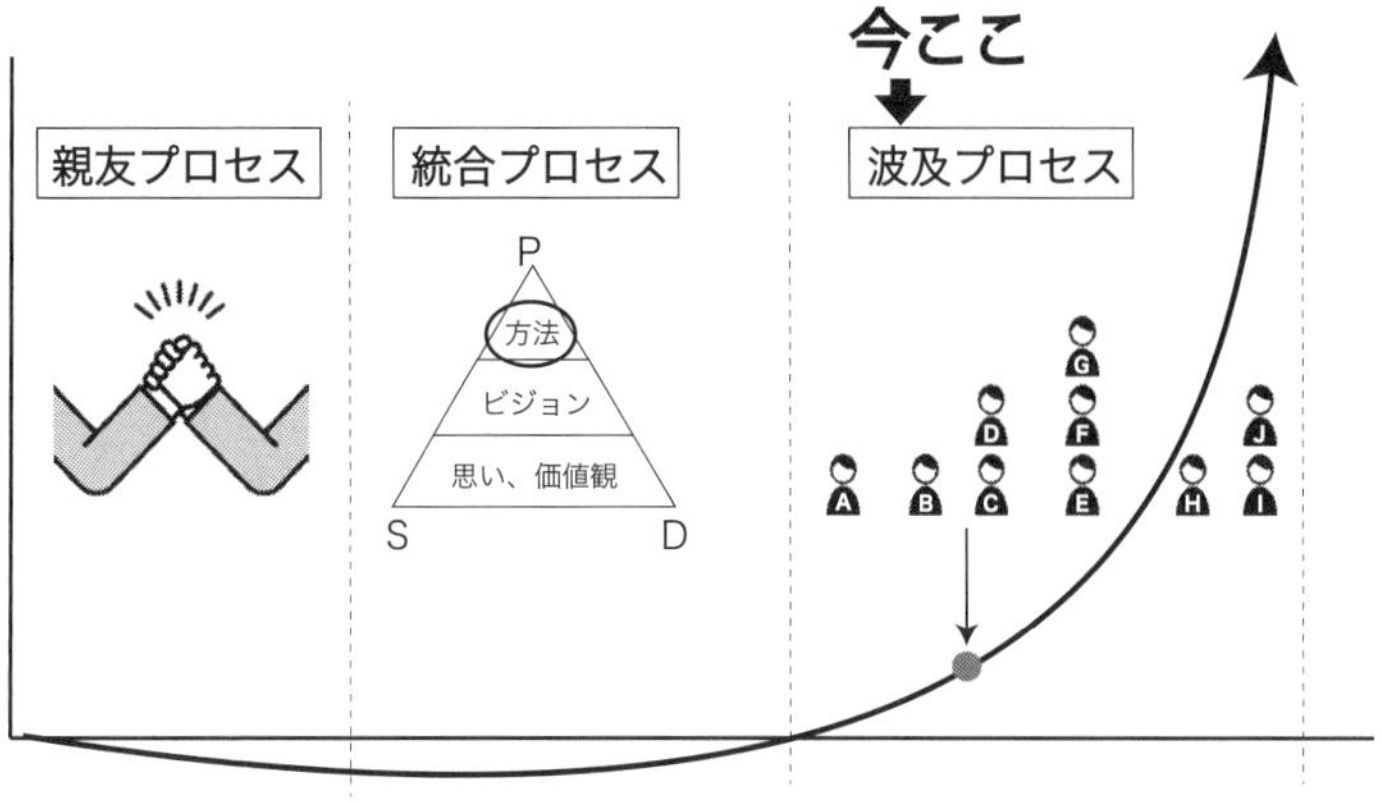

独裁型や村社会型のチームが、創発型の指示ゼロ経営に変わる過程では、火がついたり消えたりするかもしれません。根気と工夫が要ります。

本章では、人間集団のメカニズムをもとに、着実に指示ゼロ経営に変容する方法を解説します。チームの変容のメカニズムを、分かりやすいモデルで解説します。

メンバー数が10人のチームがあるとします。人数にリーダーは含みません。

このチームは、今、非常に深刻な問題を抱え、風土を変えるほどの変革を迫られています。変革には大きなリスクが伴い、新しい風土づくりに挑戦したメンバーが、他のメンバーに叩かれ、痛い思いをする可能性すらあるのです。

リーダーは、風土を変えたいという熱い思いをメンバーに伝えました。そして、全員にアンケートを取りました。

設問は1つだけ。**「あなたは、何人が新しい取り組みを始めたら、自分も加わりますか?」**というものです。

その結果、次のような回答が得られました。

「0人でも私はやる」……1人（Aさん）
「1人がやれば、自分もやる」……0人
「2人がやれば、自分もやる」……1人（Bさん）
「3人がやれば」……2人（Cさん、Dさん）
「4人がやれば」……0人
「5人がやれば」……3人（Eさん、Fさん、Gさん）

図解 30

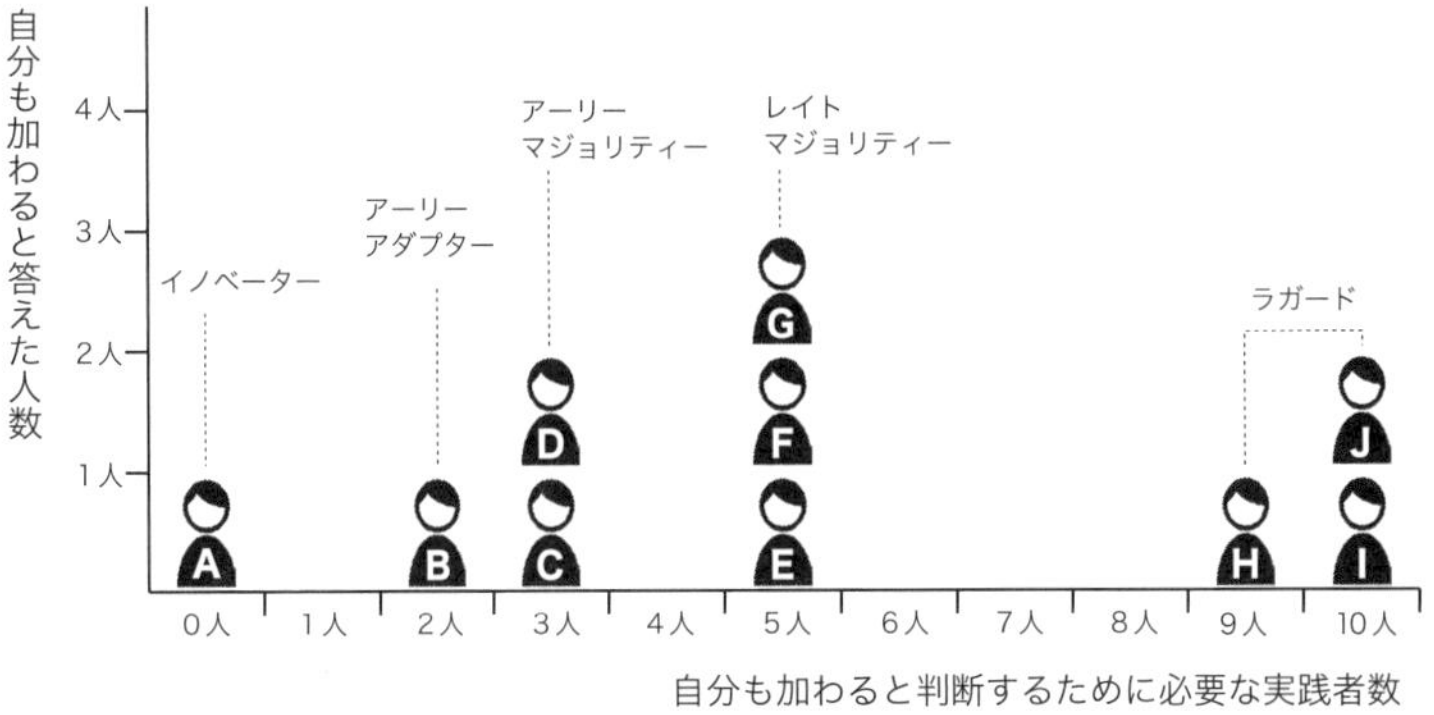

「6人～8人がやれば」……0人
「9人がやれば」……1人（Hさん）
「10人がやれば」……2人（Iさん、Jさん）（図解30）

Aさんは、「誰もやらなくても私はやる」というのだから、非常に勇気がある方です。

Bさんは、「2人いれば」と言っています。現在はAさん1人だけがやると言っています。自分が加われば2人になるので、とても微妙な立場です。

Cさん、Dさんは、「3人いれば」です。Aさん、Bさんが参画していれば、すでに2人はいるわけですから、

CさんかDさんのどちらかが加われば、もう1人は加わる可能性が高いでしょう。

Eさん、Fさん、Gさんは、「5人いれば」です。すでに4人はいるわけですから、Eさん、Fさん、Gさんのうちの1人が加われば、あとの2人は芋づる式に加わるでしょう。

Hさんは、「9人いれば」ですが、累計7人しかいないので加わらないでしょう。

Iさん、Jさんの回答は妙です。「10人いれば」と言いますが、自分も含め10人なのだから、最初から加わる気がないと言うことなのです。

このアンケート結果から、集団には5つのタイプがいることが分かります。アメリカのエベレット・M・ロジャース教授が提唱する**「イノベーター理論」**では次のような呼び名がついています。カッコ内の数字は、それぞれのタイプの、統計上の存在割合です。

◎Aさん……**「イノベーター」**(2・5%)

意義があること、革新的なことに好奇心を示し、積極的に参画します。細かいメリットやリスクなどはそれほど気にせず、価値観に合うかどうかを重視します。

◎Bさん……**「アーリーアダプター」**（13・5％）

イノベーターほど急進的ではありませんが、新しいことに敏感なタイプです。アーリーアダプターは、自分の取り組みを周囲に伝えるので、以降のタイプである「アーリーマジョリティー」の行動に影響力を持ちます。

◎Cさん、Dさん……**「アーリーマジョリティー」**（34％）

イノベーターやアーリーアダプターと比べると、新しいことへの参画に慎重な姿勢を取りますが、成功事例があれば参加するタイプです。アーリーアダプターの影響を強く受ける特徴があります。

◎Eさん、Fさん、Gさん……**「レイトマジョリティー」**（34％）

新しい取り組みに消極的なタイプです。この層が行動を起こすためには、成功事例に加え、リスクが少ないことが証明されている必要があります。

◎Hさん、Iさん、Jさん……**「ラガード」**（16％）

最も保守的であり、新しい取り組みに対して興味・関心を示さないタイプです。

このように、チーム内には、最初に火がつく人と、後になってつく人、火がつかない人がいるのです。

このモデルのチームは子どもたちの学級で、抱えていた問題は「いじめ」です。いじめの当事者（いじめている人と、いじめられている人）を除いた10人に、「あなたは、何人がいじめを止めれば、自分も止めますか？」というアンケートを取ったのです。

いじめを止めるのは非常に勇気が要ります。止めたら、自分がいじめられる危険性があるので、ムーブメントが起きづらい事例と言えます。だからラガードが３人（30％）もいたと推測できます。それに比べれば、ビジネスの現場では、ムーブメントは広がりやすいでしょう。

このメカニズムから、指示ゼロ経営の風土が広がるための要諦が分かります。

リーダーは、最初に手を挙げてくれた、勇気あるAさんの決断と行動を称え、心から感謝することです。

そうすると、それを見たBさんのモチベーションが高まります。

AさんとBさんには**「仲間を誘う」**という重要な役割があります。2人の誘いに、1人が乗れば、次に乗る人が現れ、拡張していくのです。一定割合を超え、**「臨界点」**に達すると、アーリーマジョリティーが動き出します。

いじめを止めても、いじめられる側にならないという実績ができると、レイトマジョリティーが「この活動は間違いがない。安全だ」と認識し、頑張って誘わなくてもムーブメントの炎は広がります。

臨界点は、取り組みの難易度や精神的な負担感にもよりますが、およそ15%〜20%ほどです。20%なら、気が遠くなるような目標ではないと思います。

注意点は、「ラガード」を排除しないことです。集団には「ラガード」が必ず存在します。それで健全です。

ラガードが発生する理由には諸説あります。有力な説として、集団が危機に直面した時の「控え選手」として温存するという説があります。あるいは、集団が破滅に向かって進んでも、生き残りをつくるためだという説もあります。

いずれにせよ、ラガードを非難しても、ムーブメントは広がりません。むしろ、非難すると、人間関係に摩擦が生じたり、風土が荒んだりして、取り組みがつまらないものになり、ムーブメントを冷え込ませてしまいます。

ラガードを非難すると、チーム内に同調圧力が生まれ、村社会型のチームになってしまう危険性もあります。

要諦は、「すでにおこっている火」を伝播させること……やっていない人を変えようとせず、やっている人から伝播するように工夫することです。

そのためにも、社長が人間集団の変容メカニズムを知ることが大切です。

そうでないと、実は順調なのに、「1人しか賛同してくれない」「まだ動かない人が8割もいる」と悲観してしまいます。動かない人に腹を立て、ムーブメントを冷え込ませてしまうのです。

メカニズムは、社員も知る必要があります。知っていれば、勇気あるイノベーターを励ましたり、周りの人を誘ったりと、自分がすべきことを、自発的に判断し行動することができるのです。

自律型組織は社長1人の手でつくるものではありません。みんなでつくり上げるためには、知見を共有することが欠かせません。

最初に取り組むべきは『再生産システム』

指示ゼロ経営が社内に波及するには、チームで取り組むプロジェクトの選択が重要です。

前章で、新聞店の新しいビジネスモデルを例に、計画づくりにみんなが参画する方法を解説しました。社長は、すぐにでも業績が上がることをやりたがりますが、最初は、「成熟社会における繁栄の因果」の土台部分である、『再生産システム』をつくることから始めることを強くお勧めします。

売上総利益増や賃金増は、ここから派生する「現象」だからです。

具体的には、自分たちにとっての「愉快でワクワク働ける風土」を考えることか、

「心のごちそう」を増やす取り組みから始めます。

『再生産システム』は循環系なので、どちらから始めても構いません。

これらは社員にとっても関心が高く、難易度も適正なので、最初に取り組むのに適しています。

ＩＴ企業「Ａ社」では、「愉快でワクワク働ける風土づくり」から始めました。「親友プロセス」でメンバー間の人間関係をつくった後に「統合プロセス」を行い、全員がハッピーに働けるチームの姿を描きました。

「株式会社Ｋａｉ・Ｍａｎｕ」は、「心のごちそう」をいただける取り組みを中心に活動しました。「心のごちそう」は、お客様からいただくものでも、社内の仲間からいただくものでもＯＫです。アンケートなどで、「心のごちそう」をいただける仕組みをつくることをお勧めします。

いただいた「心のごちそう」は、社内報や情報共有システムを通じ、メンバー全員と共有しましょう。それを見たメンバーが刺激され、ムーブメントを後押しします。

社長は、早く結果を出したいと気がはやると思いますが、急がば回れで、土台部分を整備することが、結局のところ、一番の近道なのです。

1番目のマイルストーンは、「たった1人の同志」をつくること

ムーブメントは、社長が、「たった1人の同志」を持つことから始まります。

前述のモデルで言えば、イノベーターのAさんです。よく、Aさんのような存在を「右腕」と言いますが、指示ゼロ経営ではそう呼びません。右腕には、「自分の意のままに操れる存在」というニュアンスがあるからです。

指示ゼロ経営では、社長が信じる世界を、同じように信じ、一緒に新しい世界をつくってくれる、**「1番目の同志」**と呼びます。

Aさんは、「誰もやらなくても、私はやる」という、非常に勇気が要る役割を担ってくれる人です。社長は、最上級の敬意と感謝の気持ちを持って尊重しなければなり

ません。また、イノベーターは仲間から非難されることもあります。そんな時は、社長が体を張ってでも守る姿勢を示さなければなりません。

どうすれば、Aさんのような同志は現れるでしょうか。

私にとってのAさんは、35歳も年上で、先代からの社員だったTさんです。24歳で社長に就任した当初、私を一番支えてくれた人であり、最も扱いづらかった人です。当時、新聞業界の衰退期が今まさに始まろうとしていた時で、すぐにでも新しいビジネスモデルをつくる必要に迫られていました。

しかしTさんは、それに賛同してくれませんでした。

Tさんは、社内で最も影響力の強い存在です。彼が賛同しないとムーブメントは起きません。重要なポジションにもかかわらず、賛同してくれないTさんを、いつしか私は避けるようになりました。私がTさんと距離を置けば置くほど、チームとの間に深い溝ができ、ついにチームは機能不全に陥りました。

困った私は、本音でぶつかることにしました。

Tさんを飲みに誘い、「こういう会社にしたい」という思いを伝えました。何度も飲んでいるうちに、Tさんも本音を言ってくれるようになりました。

Tさんの本音を聞き、自分はなんて配慮の足りない社長なのかと反省しました。今、会社が存続しているのは、先代の父をはじめ、Tさんたちのお陰です。私は、その人たちに感謝もせず、新しい取り組みに着手しようとしたのです。

社員の私への不満は、Tさんのところに集まります。Tさんは、新しい取り組みの必要性は十分に承知していたのですが、社員の気持ちが1つにならないことに悩んでいたのです。

企業は、良くも悪くも過去を否定して進化します。しかし、未来は過去の礎の上につくられます。このことは、社長が心得なければならない大事だと痛感したのです。

私は、社員のみんなに、改めて感謝の気持ちを伝えました。引き継いだ時に、すでに顧客がいて売上が立っていること、毎日の業務が回っていること、その基礎をつくってくれたことに感謝しました。

その上で、「基礎の上に、素晴らしい未来を築きたい」と伝えました。

Tさんは部下に、「新社長に協力しろよ」と言ってくれました。Tさんと私の思いが1つになったことで、チームとの溝が埋まり、賛同者は一気に増えました。

イノベーターは、損得勘定よりも意義を重視します。会社の未来にとって、社内の仲間にとって、顧客にとって、地域にとって意義があれば立ち上がります。意義は「統合プロセス」で「思い、価値観」を語り合うことで生まれます。じっくり時間をかけ、丁寧に対話を重ねましょう。

メンバーの中に、心から賛同してくれる人が1人でも現れれば、「炎の種」ができ、ムーブメントが立ち上がるでしょう。

Tさんは、ムーブメントが20％に波及した頃に退職しました。65歳を過ぎていました。私は、Tさんが退職した日のことを今でも鮮明に覚えています。

花束を渡して「本当に長い間ありがとうございました。いつでも遊びに来てください」と社交辞令のような挨拶をしました。Tさんは、会社から出ると、通勤で使ってきたスーパーカブの荷台に花束をしまい、バイクにまたがりました。

その瞬間、私は、急いで靴を履き、駆け寄りました。Tさんの姿が見えなくなるまで、最敬礼で見送りたかったのです。それを見た他の社員も外に出てきて、一緒に見送りました。私にとって一生忘れられない光景です。

2番目のマイルストーンは、臨界点への到達

たった1人の同志をつくったら、次の目標は賛同者の割合を臨界点の20％にすることです。そのためのポイントは次の2つです。

1．愉しんでいること

スズキ・メソードの様に、愉しんでいる人が近くにいると、参加意欲が刺激されます。場づくりに大きな影響を持つ社長や上司が愉しんでいることが大切です。

私の会社員時代の経験を紹介します。

大学を卒業した私は、都内の小売業に就職しました。当時、その会社は、若手社員が管理職になりたがらないという問題を抱えていました。経営陣は、若手に、「意欲が低い」と文句を言っていましたが、私は原因を知っていました。

経営陣は営業不振の責任を、私の直属の上司である店長に押し付け、叱責していま

した。店長は、会議が終わると、いつも辛そうな顔で胃薬を飲んでいました。そんな姿を見て、憧れを持てるはずがありません。

指示ゼロ経営では、どんなことがあっても責任は社長が取ります。社員はＰＤＳを回し続ける責任を持ちます。営業不振という結果であっても、過去の出来事は、未来をつくるための資源であって叱責のネタではありません。

未来志向の愉しい場でムーブメントは起こります。その機運をつくるのは社長の覚悟です。愉しむとは覚悟がいることなのです。

2．いつでも入っておいで、というオープンな態度でいること

ムーブメントに加わる人数が増えてくると、その人たちの間に絆が生まれます。同時に、絆は排他を生みます。やっている自分たちは「正義」、やっていないヤツらは「悪」という構図ができ、対立してしまうのです。こうなるとムーブメントの火はすぐに消えてしまいます。

このような事態を防ぐためには、チームメンバー全員が、集団の排他性を知る必要

があります。その上で、自分たちの役割は、オープンマインドで仲間を誘うことだという認識を持ってもらうことです。

メンバーが仲間を誘うとムーブメントはスムーズに広がります。その影響力は、社長や上司よりもはるかに大きなものがあります。

愉しんでいないことで、ムーブメントの火を消した私の失敗体験

私には、「愉しんでいない」ことで、ムーブメントを消してしまった苦い経験があります。

30歳の時に、友人に誘われて、ある会社の掃除研修に参加しました。その会社の創業者は、掃除を徹底することで知られている方です。幸運にも、研修当日、創業者の方と一緒に掃除をする機会に恵まれました。

研修当日、朝早くから会社の周りを掃除している社員さんを見て、私は、強い憧れを抱き、自社でも実現したいと思いました。

会社に戻り、「まずは形から入ることが大切」と考え、掃除道具を一式買い揃えました。社員に強制しても上手くいかないことは分かっていたので、まずは私が率先垂範することにしました。

朝、誰よりも早く出社し、トイレ掃除と、会社の周りのゴミ拾いを毎日続けました。しかし、一向に掃除をする社員は現れませんでした。もしかしたら、私が掃除をしていることを知らないのではないかと思い、時間を遅らせ、社員の目にとまるようにしましたが、変化はありません。

その原因を痛感した出来事が起こりました。

ある朝、いつもと同じように会社の周りのゴミ拾いをしていると、通行人が私の目の前でタバコのポイ捨てをしたのです。

注意こそしませんでしたが、私は瞬間湯沸かし器のごとく激怒しました。怒りが収まらず一日中不機嫌な気持ちで過ごしました。その日の夕方、収まらない怒りを抱えながら、掃除研修に行った時のことを考えていました。

そこで重大なことを思い出したのです。あの日、掃除を始める時に、タバコの吸殻が散乱した歩道を見て、創業者の方が、「うわ〜、今日もすごいゴミだな〜」と嬉しそうに言ったのです。私は、失礼ながら、「変な人だなぁ」と思いました。

その出来事を思い出した時に気付きました。創業者の方は、掃除を心から愉しんでいたのです。私の穿った見方かもしれませんが、掃除をするためには、歩道を汚す人の存在が必要で、その人たちに感謝すらしているかもしれないと思ったのです。

私は、愉しんでいなかったのです。

愉しんでいたら、「掃除をしている自分の姿を社員に見せる」などとは考えません。ゴミをポイ捨てする人に、腹を立てることもないはずです。軽い憧れだけで、中途半端に取り組んでいたから愉しめなかったのです。最初からくすぶっていたのだから、ムーブメントが起きるわけはありません。

私は、この経験から、ムーブメントが起きるためには、「炎の種」が欠かせないことを学びました。それは、「統合プロセス」の階層1「思い、価値観」で練られた望みから生まれます。愉しむことの難しさと重要性を学んだ出来事でした。

3番目のマイルストーンは、臨界点の突破

ムーブメントの広がりが20％の臨界点を超えると、「アーリーマジョリティー」に伝播します。アーリーマジョリティーには、分析力や業務構築力に長けている人が多く、プロジェクトは安定した成長軌道に乗ります。

「アーリーマジョリティー」に伝播するためには**「成功事例」**が欠かせません。

私は、iPhoneの普及で、このことを体感しました。

私は、2010年にiPhone 3Gでユーザーになりました。アーリーアダプターだと思います。日本国内の普及率が、臨界点である20％の手前くらいで、世間に、「なんだか、最近、スマートフォンなるものを持つ人が増えてきたな」という認識ができ始めた頃です。

私は、一部の友人から「スネ夫」というあだ名で呼ばれており、新しもの好きで、人に見せびらかす癖があります。私が楽しそうにiPhoneで遊ぶ様子を見た、何人か

の友人たちが、数ヶ月以内にガラケーからiPhoneに乗り換えました。

私のような人間が全国にいたことで、iPhoneの普及は一気に臨界点を超え、アーリーマジョリティーに到達したのだと思います。


企業内において臨界点を超えるためには、仲間の実践事例を知ることが大切です。社内報や情報共有システムなどで、実践内容と、実践により起きた変化を共有することです。成果ではなく、小さな「変化」でもOKです。

この時点では、多くの社員はそんなに関心は持たないかもしれませんが、それで構いません。「なんだか最近、新しい取り組みを始めた人がいるな」という程度の認識で良いのです。

多くの社員は、実践の内容を、自分の目で確かめた時に意識が変わっていくのです。そのためには、チーム内に関心を刺激する場をつくる必要があります。

関心を刺激する場として、私が提唱するのは**「学び合いの場」**です。

刺激になるだけでなく、チームワークの向上や、自律的に学習し、成長するチームになるという効果もあります。

私だけでなく、IT企業「A社」や、「株式会社Kai・Manu」の経営支援に関わった指示ゼロ経営マスターたちが採用している方法です。

「学び合いの場」では、小さな変化をつくり出した個人、チームが実践内容を発表し、それをもとに、みんなで学び合うアクティブラーニングを行います。

学び合いの進め方は、実践（具体）から、上手くいく法則（抽象）を抜き出し、次の行動（具体）を考えるという手順で行います。

「具体」……どんな実践をして、どんな変化が起きたか？　事実を振り返る。
「抽象」……実践のポイントは何か？　実践から学んだことは何か？　なぜ良い変化が起きたか？　という問いから、上手くいく法則を抽出する。
「具体」……抽出したポイントを活かし、次にどんな実践をするかを決める。

あるホテルでは、フロントスタッフが、宿泊客から「心のごちそう」をいただきました。

チェックイン時に、少し咳き込んでいたお客様に気付いたスタッフが、「もし良ろしかったら加湿器をお部屋にお持ちします」と伝えたところ、お客様は「ありがとう。明日、人前で喋る仕事があるので助かります」と、おっしゃったそうです。

この対応に感動したお客様が、チェックアウトの時に、わざわざスタッフのところに来て、丁寧にお礼を言われたそうです。


この事例をもとに学び合いを行いました。

まずは、実践者に事例発表をしてもらいます。次に、「心のごちそう」がもらえたポイントを考えます。実践者だけでなく、他のメンバーにも考えてもらいます。

4人ほどのグループをつくり、意見を出し合うことで、仲間の考え方からも学ぶことができます。

ある人は、「お客様を観察したことで、加湿器をお部屋にお持ちするという提案ができた。観察が大切」というポイントを出しました。「加湿器の提案により、お客様が翌日、人前で喋る仕事があることが分かった。提案すると、その先にあるニーズが見える」というポイントを指摘をした人もいました。

この指摘を聞いた別の人が、「加湿器が欲しい理由が、翌日の仕事のためであるならば、のど飴を差し上げるといった、さらなるおもてなしができるのでは」というアイデアを出しました。

学び合いの効果は絶大です。

成功事例により、アーリーマジョリティーが動機づけされるだけでなく、自分たちの実践が活きた教材となり、人とチームが自律的に育ちます。学び合うことで社員同士の交流が生まれ、チームワークが良くなります。

月に1回、1回につき60分ほどで十分ですので、会社の定例行事に組み込むことをお勧めします。

学び合いによりチームの成長が安定軌道に乗ると、その後に控える「レイトマジョリティー」が動き出します。ムーブメントの成功です。

第5章のまとめ

▼ムーブメントは、最初にイノベーターが立ち上がり、アーリーアダプターが続き、仲間を誘うことで広がる。成功事例を得ると臨界点を超え、アーリーマジョリティーに波及する。プロジェクトが安定軌道に乗ると、レイトマジョリティーに伝播する。ラガードがいて健全なチームであり、排除してもチームは良くならない。「ラガードを含めチーム」という認識を持たないと、常に誰かを排除し続けるチームになってしまう。

▼プロジェクトの選択は、段階を踏むことが重要。社長は、すぐにでも業績が上がるプロジェクトをやりたがるが、最初は、「成熟社会における繁栄の因果」の土台部分から取り組む。

▼1番目のマイルストーンは、「たった1人の同志」をつくること。イノベーターは意義を重視するので、「統合プロセス」を通して、「思

い、価値観」を、時間をかけて語り合うことが大切。心から賛同してくれる人が1人でもいれば、「炎の種」は備わり、そこからムーブメントが発生する。

▼2番目のマイルストーンは、20%の臨界点への到達。そのためには、愉しんでいること、オープンな態度でいることが肝要。

▼3番目のマイルストーンは、臨界点の突破。社内に学び合いの場をつくり、成功事例を共有することで、ムーブメントは一気に広がる。チームが安定軌道に乗ると、「レイトマジョリティー」が動き出す。

第 6 章

事例

風土を礎に、賃上げを実現した企業から学ぶ

最終章では、「成熟社会における繁栄の因果」を礎に経営を展開し、賃上げを実現した2社の事例から学びます。両社とも、風土の醸成に時間をかけ、丁寧に行ったことで、創造性豊かで、付加価値の高い経営を実現しています。

福井県坂井市

「株式会社ザカモア」の愉しさが付加価値を生む経営

1社目の事例は、福井県坂井市で靴のインターネット販売を手掛ける「株式会社ザカモア」(西村拓朗社長)です。

同社の事例からは、愉しく仕事をする風土から創造性が生まれ、付加価値をつくり出すこと、指示ゼロ経営は「動的」で、環境変化に合わせ、常に変化する経営であることが学べます。

同社にお邪魔すると、「ここは音楽スタジオか?」と勘違いするほどのスタイリッシュな社屋に、軽快なBGMと若い社員さんの元気な声が飛び交っています。

そして、誰もが気になるであろうことは、仲間を「トニー」「リリー」「ケイト」と、ニックネーム（同社では、イングリッシュネームと呼んでいる）で呼び合っていることです。社長の西村拓朗さんは「トニー」と呼ばれています。

２０２２年８月、私は西村社長から電話で驚くべき報告を受けました。なんと、社員数15名ほどの会社で、大企業の平均賞与額を上回る賞与を支給したというのです。

電話の趣旨は賞与額の報告ではありませんでした。その時に、ある課題を抱えていて、その相談の電話だったのです。決して、経営に行き詰まっていたわけではなく、さらなる成長に向けた、いわば「成長痛」を抱えていたのです。私は、どこまで進化するのかと、背筋がゾクゾクしました。

同社は西村社長の曽祖父が創業しました。いわゆる街の靴屋さんです。

西村社長は、大学在学中、休学をして実家に戻り、靴のインターネット販売を始めました。大学卒業後、２０１２年に代表取締役に就任し、「感動をつくる！」という経営理念を掲げ、社名を「株式会社ザカモア」に変更しました。

家業から企業へ転換するため、最初はトップダウン経営を実施しました。西村社長のリーダシップにより、破竹の勢いで成長を続けました。

しかし、会社の規模が大きくなるにつれ、トップダウン経営の弊害が露呈します。2019年、ついに社長就任依頼、初めての赤字を出してしまいました。2020年1月に、西村社長は自律型組織への転換を決意し、社員さんに伝えました。

「今日は、最後のトップダウンの意思決定をさせてもらいます。それは、トップダウン経営をやめるという意思決定です」

その言葉を聞いた社員さんは、キョトンとした顔をしていたそうです。

トップダウン経営だった頃には、意思決定は社長、実行は社員、という構図で仕事を進めていました。社員さんは、仕事の進捗を逐一、社長に報告し、チェックを入れてもらい、次の指示を受けます。

社員さんには、社長の決定に反論する余地はなく、気付けば、ハイしか言えない社風ができ上がっていたと言います。

社員さんは自分で意思決定をしたくても、業務全体が見えていないので、どう決めるのが最適なのかが分かりません。

その場で決めれば済むことも、すべて社長に相談が上がります。社長のもとには、すべての報告が上がってくるので、当然、忙しくなります。指示を出すのが遅れ、仕事が滞り、お客様に迷惑をかけることが増えました。

社員さんは、頑張っているのにお客様から怒られ、ヤル気を失っていったそうです。社員さんの成長にも悪影響が出ます。仕事が上手くいかない時には、社員さんは「社長が言ったんだから、社長の責任」と考え、自らを省みなくなっていきました。


自らの意思で行動しない人を動かすためには、「アメとムチの使い分け」が必要になります。同社では、相対評価を取り入れ、社員同士を競わせました。しかし、それが原因で部分最適に陥り、チーム機能は低下する一方でした。

西村社長は、当時を振り返り「孤独だった」と語りました。

自分の思うように動いてくれない社員を見て、「ついて来られないなら辞めてもらってもいい」と虚勢を張りましたが、その言葉通り、離職が相次いだそうです。

孤独のどん底に落ちた西村社長は、背水の陣の覚悟でトップダウン廃止宣言を行ったのです。

同社は自律型組織への移行として、環境を変えることから着手しました。人の思考や行動は、環境によって決まるからです。

具体的には3つの取り組みを行いました。

1．役職廃止

部長、課長といった役職はすべて廃止しました。上下関係を一切つくりたくないという、西村社長の決意の表れです。当時、役職についていた方は抵抗があったそうですが、西村社長の丁寧な説明により、納得してもらえたと言います。

2．相対評価の廃止

相対評価は部分最適の最たる原因です。相対評価が廃止されたとなれば、全員が持てる力を発揮できるチームワークをつくる以外に道はありません。

3．イングリッシュネームの導入

イングリッシュネームで呼び合う効果はすぐに表れたと言います。社長を含むメンバー全員が、フラットな関係になり、自由に発言できる雰囲気が醸成されました。

環境を変えたタイミングで、西村社長は、社員との対話を始めました。西村社長＋5人というスタイルで、繰り返し行いました。「人生の目的は何か？」というテーマに基づき、自分のありたい姿を語り合う、「親友プロセス」を行いました。

しかし、最初の頃は、なかなか社員さんが積極的に語ってくれず、じれったい思いをしたそうです。

「よく続けられましたね」とお聞きしたところ、西村社長は、少し考えた後にこう答えました。

「もともと金儲けがしたくて社長になったわけではないんです。〝愉しい会社〟をつくりたかったんです。メンバー一人ひとりが自分の個性を発揮し、自由でありながら、互いの能力の凸凹を補い合える、感動あふれるチームをつくりたかった。愉しくないのに業績が上がっても、僕には意味がないんです。この思いが強く、そんな会社をつくるためには、この対話をやめてはいけないと思ったんです」

根気よく対話を続けたことで、西村社長の思いが伝わり、社員さんは自分の人生について真剣に考えるようになりました。人生を真剣に考えると、人生を支える仕事についての捉え方も変わります。

「人生の目的を達成するためには、会社はどうあるべきか?」というテーマで語り合う「統合プロセス」に進みます。「感動をつくる、とはどういうことか?」「感動をつくるために、自分たちはどうあるべきか?」と真剣な対話を重ねました。「親友プロセス」と「統合プロセス」に、実に3年間もかけたのです。


変容した同社は快進撃を始めます。

トップダウン経営の時代では、西村社長に相談していた、ほぼすべてを現場の社員さんが決め、実行するようになりました。

例えば、インターネットで靴を販売すると、サイズが合わず、返品が発生することがあります。通常だと、お客様から返品されたのを確認してから新しいサイズの靴を送ります。

同社では、社員さんのアイデアで、最初に新しいサイズの靴を送り、交換で返品の靴を受け取るという方法を開発しました。万引のリスクが伴いますが、「まずはやってみて、不具合があれば、後で改善しよう」と、この方法を進めました。

自発的な取り組みは、3人ほどのチームでPDSを回し進めますので、自然とメンバー間のコミュニケーションが活性化します。協働する中で、仲間から「心のごちそう」をもらうことも多くなりました。

お客様からは、販売サイトのレビューに最高点をつけてくれたり、喜びのコメントを入れてくれたりと、たくさんの「心のごちそう」をいただけるようになりました。

4年前までは、指示待ちだった社員さんが、今では、「やってみたいことを、成功するまでできる」と、心から仕事を愉しんでいます。

2022年には大企業よりも多い賞与を支給した同社ですが、特筆すべきことが2つあります。

1つ目は、相対評価を行っていた当時に、最高評価を受けていた社員さんよりも、今の方が、全員が多い賞与を受け取っていることです。全体最適の経営により、全員の意識が1つに集結したことによる賜物です。競争よりも共創した方が、全員にとって良い結果になったのです。

2つ目は、社歴が浅く、等級が低い社員さんは、自分の実力以上の賞与をいただいたと感じ、「嬉しいんだけど、ちょっと申し訳ない」と言うそうです。しかし、その思いが、「早く成長して、みんなに恩返しができるようになりたい」という意欲に変わり、成長の原動力になっています。

同社の素晴らしいチームワークがあってこその「大きなリターンを生む先行投資」なのだと私は思いました。

同社の組織変容は、正社員だけでなく、パート社員にも波及しています。

西村社長は、ある日、パートという呼び名に違和感を持ちました。月給と時給の違いだけで、正社員と同じ同志であることに変わりはありません。安い労働力でもなければ、手足のように使う存在でもありません。

そこで、「パート」という言葉を廃止するとともに、PDSの「P」から参画してもらうようにしました。一人前として見てもらっていることを張り合いに、今では目標と期限だけ伝えれば、必ず形にしてくれるそうです。

同社は、2023年に入り、さらなる進化に挑戦しています。非常に自由闊達な会社になったことは間違いありませんが、自由と好き勝手の分別が曖昧になるケースが起こり始めたと言います。

好き勝手になる原因は、自分を中心に都合よく物事を解釈するからです。真の自由は、自分の自由とともに、仲間の自由とチームの発展があって初めて成り立ちます。

また、「楽しければいい」という勘違いが起き始めたそうです。同社が目指すものは**「愉しい」であって、「楽しい」ではありません。**これまで、仕事を愉しんだ社員さんは成長したが、楽しんだだけの社員さんは成長が止まってしまったと言います。

2023年の年頭に、西村社長は、こうした現状を厳しく指摘しました。そして、「もう一度、原点回帰しよう」と決意を新たにし、「愉しい」とはどういうことかを、みんなで考え尽くしました。

原点回帰の決意表明から、1ヶ月ほどで明らかな変化が出たそうです。

同社には「ZAC NIGHT」という社内イベントがあります。月に1度、金曜日の夜に、社内のレクリエーションスペースで行われます。

西村社長の代になり始めたイベントですが、始めた頃は、社員さんの愚痴を聞く、

「ガス抜き」が目的だったと言います。

しかし、社員さんからの評判は良くなかったそうです。愚痴を聞く会で、「正直、この会は楽しくないです」という愚痴を聞き、「だったら無条件に楽しんでみるか」と、飲んだり歌ったりの、楽しむだけの会にしました。これはこれで楽しかったのですが、同社が目指す「愉しい」ではありません。

これが、原点回帰宣言以降、飲みながら、意義ある対話をする会になりました。「あなたにとって、高い目標とは？」「あなたのメンターは？」といったテーマを設け、自分の体験などを交えながら対話をします。対話にのめり込み、終了時間が来てもいつまでも語り合っているそうです。

私は、同社への取材の最後に、西村社長と、幹部社員の廣野沙緒梨さん（イングリッシュネームはリリー）に、「あなたが受け取った〝心のごちそう〟を教えてください」と聞きました。

廣野さんは、「これまでは、自分のためだけに仕事をする人がいたが、みんな仲間を見るようになった。毎日、行っている終礼では必ず〝困っている人、いない？〟と確認する声が聞こえてきて嬉しいです。それが私にとって最高の〝心のごちそう〟です」と語りました。

西村社長は、「孤独ではなくなった。相変わらず問題が起きるし、そういう時に、厳しいことを言うこともあるが、そんな時に、みんな、僕と同じように悩み、本気で考えてくれる。もう孤独じゃない」と力強く言いました。

続けて言いました。

「ずっと、社員は管理しないと怠けると思って、管理を強化してきた。でもそれは、真綿で首を絞めるように、長い時間をかけて組織を蝕んでいくんです。あの時、トップダウン廃止宣言をしてよかった。3年間、辛抱して対話してよかった。決断しなければ、きっと30年間は悩み続けただろうと思う。その悩みを3年間に凝縮して、組織が変わったのだから」

【同社の実践のポイント】

1、西村社長は、実に3年もの期間を費やし、社員さんと対話を重ね、自分たち一人ひとりのあり方、会社のあり方を掘り下げました。最近でも「愉しいとはどういうことか？」というテーマで深い対話を行いました。

こうした対話を続けることができる理由は、この対話が、目的である「愉しい会社」を実現するために欠かせない要件であることを知っているからです。もし、儲けの手段と捉えていたら、このような根気は生まれなかったと思います。

2、同社は、役職廃止、相対評価廃止、イングリッシュネームの導入など、環境を変えることで変容の基礎をつくりました。人は、置かれた環境で思考や行動が決まります。自律型組織は、社長の手で「つくる」ものではなく、最適な環境のもとで「なる」ものです。環境設定が非常に大切です。

3、非常に「動的」であることも、同社の大きな特徴です。静的な組織は、三猿状態に陥ることが多く、問題が表面化しません。気が付くと、取り返しのつかない事態になっていることがあります。問題が起きない組織は良い組織ではありません。

自律型組織になると問題が表面化しますが、それは、行動しているからであり、問題を直視するからです。だからこそ成長するのです。

同社は、問題発生を成長の肥やしにすることができるので、次に同社のみなさんにお会いする時は、本書で紹介した内容が古くなるほどの進化を遂げているでしょう。

岩手県陸前高田市

「株式会社AKASI」の幸福創造経営

2社目は、岩手県内に「さくら」という訪問看護ステーションを4箇所運営する「株式会社ＡＫＡＳＩ」（菅原晃弘社長）です。

同社の事例からは、業績向上や賃上げが、健全な風土から生まれる創造性の「結果」であることが学べます。

同社は、東日本大震災の後に、「訪問リハビリステーションさくら」として陸前高田市にオープンしました。

翌年「訪問看護ステーションさくら」を一関市東山町にオープン。その後、大船渡市・一関市大町へ店舗展開しています。制度廃止に伴い3年前に訪問看護ステーションに一本化し、現在に至っています。

病院やケアマネジャーから、訪問看護や訪問リハビリの依頼を受け仕事が発生します。看護師、理学療法士、作業療法士の資格が必要な専門職です。

私が同社に出会ったのは、2019年10月でした。指示ゼロ経営の社内研修の依頼を受け陸前高田に行きました。社員さんが、非常にイキイキと自然体で研修に参加されており、非常にやりやすかったのを覚えています。

研修が進めやすい理由はもう1つあります。

菅原社長は、事業に対する思いと、大まかな方向性は確固たるものをお持ちなのですが、細かな部分にはノータッチなのです。社員さんと一緒につくっていく重要性を知っているからです。

社長が、あまりに細かな部分まで決めると、社員さんには参画の余地がなく、指示ゼロ経営の効果が得られなくなってしまいます。菅原社長がつくった経営方針書は3ページほどでした。私が「薄いですね」と言うと、言葉の意図を汲んでくれたのか、笑顔で頷いてくれました。

薄くて熱い経営方針書です。冒頭には経営理念が書かれています。

そこには、1番目に「専門職が、専門職として地域で生きる（活きる）経営」と書かれています。2番目以降に「訪問看護」「訪問リハビリテーション」が当たり前にあるサービスを地域につくる。「看護師になってよかった」「療法士になってよかった」と職員が思える会社。「この会社に入ってよかった」を実感できる、と続きます。

同社にとって、自分たちが活きること、仕事に誇りが持てることが、高い優先順位に位置付けられているのです。

同じ様な文言を見たことがないでしょうか？

ソニーの設立趣意書に似ているのです。

経営方針書には、お金に対する考え方も明記されています。

「お金は、我々の目的の産物であり、『幸せになる手段』で、目的ではない」

「定めている売上目標は、方向を示すもので、会社の目的に向かうための矢印のようなもの」

「お金を追うだけの人生なんて、つまらない。人や街や仲間に感謝されて、得たものがお金で、それが個人の幸せを叶える手段につながるものであってほしい」

研修では、午前中に指示ゼロ経営の基礎を学び、午後に**「未来新聞」**をつくりました。未来新聞とは、未来に出される新聞に自社の活躍が載ったと仮定して、その新聞を自分たちの手でつくるワークショップです。文章はすべて完了形で書き、成功までのプロセスを詳細に書きます。

経営計画書に盛り込む内容を、すべて記事の形式で書くことで、計画に物語性を持たせる効果があります。

新聞に載るには、社会性の高いことを成し遂げる必要があります。「統合プロセス」に時間をかけ、自社の存在意義を考え、それが体現したビジョンを描きます。会社の成功の先にある、社員さん一人ひとりが夢を叶えた姿も書きます。互いの夢を知ることで「親友プロセス」も自然と行われます。

菅原社長の対応は見事でした。3ページほどの方針書に書かれた、自身の思いと方向性を伝えたら、後は一切、口出しをせず、笑顔で社員さんを見守っていました。

社員さんは、社長の思いと方向性をもとに、各々の思いを伝え合い、およそ2時間後には「我々の価値観、思い」に統合しました。

未来新聞の大見出しには、同社の活躍により、地域に訪問看護や訪問リハビリテーションが当たり前になっている様子が書かれていました。それは事業所の数が増えただけでなく、小児や難病にも対応できる総合的なサービスが開発された未来です。

ビジョンには、A君という難病を持つお子さんが、同社の看護とリハビリテーションにより、生きる希望を持てるようになった物語が描かれていました。

A君は、難病のため外出ができません。そのため、お母さんはA君から離れられず、妹と関わる時間や、自身のプライベートな時間が制限されていました。

そんな時に同社に出会います。A君の状態を、ご家族や医師、学校などと共有し、通学できる方法を検討し対策を立てました。その努力が実り、3年後には学校生活が送れるようになりました。お母さんに時間ができたため、家族団らんの時間ができたり、仕事を持つことができるようになったりしました。

A君は、たっての希望だった修学旅行に、大好きなお友達と行くことができました。それは、生まれて初めて、親元を離れての旅です。

A君は、同社のビジョンの象徴です。年齢、立場や病状などを超え、A君のように人生を開花させる人が増えることをビジョンとしているのです。

同社では、全員で、このビジョンを実現するための方法を考えました。

そのためには、従来のような、病院やケアマネジャーから依頼を受ける下請け的な仕事ではなく、患者さんを中心にした総合的なサービス体制を整える必要があると考えました。

その結果、看護師とリハビリテーションを行う理学療法士と作業療法士がチームを組み患者さんに向き合うサービス体制を開発しました。各事業所で、人の幸福を中心に捉えたサービスの確立のために、全員の知恵でPDSを回し、価値の高いサービスを生み出しました。

努力が実り、たくさんの「心のごちそう」をいただけるようになりました。

同社では、心のごちそうを、素晴らしい工夫により可視化しています。同社の事業

図解 31

さくらさんがいてくれたおかげで私達家族は母と大切な時間を過ごすことができました。本当にお世話になりました。私達を支えて下さりありがとうございました。

どの看護師さんも優しくしてくれると本人が話してました。どうもありがとうございました。

相沢病院に救急で行く時に手配してもらって助かりました。佐藤さんによろしく伝えて下さい。

「せっかく友達になったんだから（笑）ゆっくり話していって下さい。」と、短い日数だったけどお世話になりました。

たいへん お世話になりました。

所名にちなみ、桜の形をしたカードに、患者さんやご家族からいただいた心のごちそうを書き込み、桜の木に貼っていくというアイデアです。（図解31）

例えば、脊髄損傷で3年間、寝たきりの生活を送っている高齢者がいました。家族と同じ家に暮らしてはいますが、家族の生活領域と、患者さんの生活領域が完全に分離していました。

ある年の年末に、患者さんが「正月は家族と一緒に、こたつで過ごしたいなぁ」とつぶやきました。それを実現すべく、看護師と理学療法士と作業療法士がチームをつくり方法を考えました。看護師だけでは痛みのケアが難しいからです。

非常に苦労が多かったと言いますが、努力が実り、患者さんは、こたつを囲みながら一家団らんの正月を送ることができたのです。

こうして、1つ1つ、患者さんの幸せが心のごちそうとなり、桜は満開になりました。心のごちそうを受け取った社員さんは、もっと喜ばれる存在になりたいと願い、学習意欲を燃やしています。ビジョンを実現するためには、小児や難病など、まだまだ学ばなければならない知識が多くあるからです。

価値の高い仕事をするようになったことで、同社の収益構造は変わりました。

仕事柄、社員さんは経営数字には無頓着かと思いきや、非常に意識が高いのです。

同社の事例を本書で紹介するにあたり、社員さんに行ったインタビューでその理由が分かりました。

同社の方針書には、「お金は、我々の目的の産物である」と書かれています。患者さんや地域にとって価値の高いサービスを提供した「物質的な証拠」が利益だと捉え、自分たちのあり方をチェックするための指標として経営数字を見ているのです。

売上総利益は、「商品・サービス1個あたりの儲け×販売個数」で決まります。

同社は、看護師と理学療法士と作業療法士がチームを組むことで、誇りが持てる、やり甲斐のある仕事（利益の大きいサービス）を開発し、それを、「地域に当たり前にあるもの」（販売個数が多い）にしようとしています。

売上総利益は、自分たちの存在意義であり、経営の目的が成就した証だと捉えているのです。

こうした経営を続けた結果、社員さんの賃金は、月例賃金ベースで5万円も増えたそうです。

２０１９年につくった未来新聞には、会社の繁栄の先にある、社員さん一人ひとりの夢が叶った様子が描かれています。そこには、増えた賃金の使い道も書かれています。

理学療法士の櫻場 道さんは、「大船渡、陸前高田の２つの事業所をまとめながら、リハビリテーション部門の質の向上に貢献した。業務に関わるスタッフのやりがいが増え、利用者家族からの感謝が増えた。夢のマイホームを買った。目標に向かう仲間が増えたことが嬉しい」と書きました。すべて実現しています。

看護師であり理学療法士でもある佐藤美果さんは、「自分の個性が何か分からないまま、時には、理学療法士として、時には、看護師として、地域の方々に喜ばれていると信じながら仕事をした結果、なぜか賃金は増え、今までできなかった家族との時間を持つことができた」と書きました。これも実現しています。

看護師の地舘広美さんは、「明るいキャラクターを活かして、社内の仲間と信頼関係を築いた。その効果で、他の職種と連携ができた。利用者や家族の問題解決をすることで、利用者数も増え、賃金もアップした。そのお金で、家族と海外旅行をしたり、温泉に出かけたりしている」と書きました。海外旅行だけはまだ実現していないようですが、それ以外は実現したと、嬉しそうに私に教えてくれました。未来新聞に書かれた会社のビジョンと、その先にある社員さんの幸せが見事に統合し、実現しています。

菅原社長に、「社長の夢は何ですか？」とお聞きしたことがあります。すると、間髪入れず、**「社員みんなの夢が叶うことです」**とおっしゃいました。続けて、「私の夢は、もう叶っていく一方ですよ」と。チームが、自律的な成長軌道に、完全に乗ったことを実感されているのだと思いました。

同社は、今でも、未来新聞に書かれたことを振り返りながら、「親友プロセス」、「統合プロセス」を定期的に行っています。一番大切なことを忘れてしまうと、サービスがお金を稼ぐための手段になってしまう危険性があるからです。

どっしりとした土台を維持し、これからも地域の人々を支える存在となり、心のごちそうの花はさらに開花していくでしょう。

【同社の実践のポイント】

インタビューの際、「成熟社会における繁栄の因果」を説明したところ、みなさん、首を大きく縦に振って、頷いていたのが印象に残っています。実践した人にしか分からない実感なのだと思います。

地域から強く必要とされ感謝される、誇り高い仕事をしたことでいただける「心のごちそう」が、より健全な風土を醸成し、高価値なサービスが再生産されるという循環が起きています。

その結果として、売上総利益が増え、賃金が増えるという因果関係を見事に体現した、学び深い事例です。

私は、同社の社員さんが受け取った賃金は、まさに、「おひねり」だと思いました。お駄賃が、誰でもできる仕事をした時にもらえるものに対し、おひねりは、自分たちにしかできない仕事をした時にいただける、感謝や驚き、尊敬の気持ちが含まれたお金です。自分たちの存在価値の証として、格別の悦びがあるとともに、人とチームの、さらなるの成長の土壌をつくる栄養なのだと実感しました。

働く人も、サービスを受ける患者さんも、その家族も、みんなが幸せを手にする、**「幸福創造経営」**です。

同社は、2023年9月に未来新聞をリニューアルします。

数年前に描いたビジョンを実現した同社が、どんな夢あふれる未来を描くのか、今から楽しみでなりません。

おわりに

◉収益よりも大切なことは何か

本書では、「成熟社会における繁栄の因果」を骨格に、昨今の、賃金問題の解決策を提案しました。一貫して、賃金は「結果」（現象）であると述べました。自由闊達で愉しい企業風土から発動した創造性が付加価値をつくり、その結果として起きる現象です。創造性あふれる風土をつくる方法の1つとして、指示ゼロ経営の実務を紹介しました。

今、日本企業は、賃金の問題以外にも、様々な「結果」に悩まされています。ブラック企業問題、後継者不足、メンタルヘルスの不調、エンゲージメントの低下、イノベーションの沈滞などです。

これらの現象は、いわば、風邪をひいた時の、咳や発熱といった症状のようなものです。薬による対症療法は、一時的には必要ですが、薬にばかり頼っていると副作用で身体がおかしくなってしまいます。

抵抗力のある体質をつくることが最も大切です。

様々な問題と対峙する中で、起きる現象の多くは、「大切なことに気付きなさい」と、メッセージを発しているように私は感じます。大切なことは、「今」の中にあります。**「今、この瞬間を、どのような心持ちで生きているか」**ということです。

仲間と協働し、感謝の気持ちを持てること。自分の居場所を感じられること。他者に喜ばれる悦び。仕事の行為そのものから感じられる、こうした、かけがえのないことの大切さに気付くために問題が起きていると思えるのです。

私は、人生の中に、こうした心持ちを持てる時間があることが、生きる目的なのではないかと考えているのです。

利益や賃金は、目的のために行動した結果なのです。

私たちは、つい、結果に過ぎないものを、目的にしてしまいます。


私は、書家の金澤翔子さんの書が好きで、一文字、「道」とだけ書かれた書をオフィスに飾っています。10年ほど前、個展に行った時に買ったものです。

「ダウン症の書家」として知られる金澤さんは、5歳から母の師事で書を始めます。建仁寺にある国宝「風神雷神図屏風」を書で表現した作品や、NHK大河ドラマ「平清盛」の題字、ローマ教皇庁への寄贈、上皇陛下御製の謹書などを手掛けてきた方です。


個展に行った日は運よく、金澤さんの揮毫を見ることができました。長さ数メートルの紙の前に、金澤さんが大きな筆を抱え立ちます。少し緊張した面持ちでした。私は、彼女ほどの書家になっても緊張するんだな、と意外に思いました。

しばらくすると目を閉じ、集中力を高めているようでした。筆に墨につけ、一気に書き始めます。その瞬間、場が変わりました。時間が止まった中に身を置いているような、不思議な感覚に包まれたのです。
全身全霊で書に没頭する金澤さんは、神々しいオーラを放っていました。「共に生きる」の一文字一文字に、生命が注がれていました。場の空気と完成した書に圧倒され、感情を大きく揺さぶられたのを覚えています。

一流の創造性に触れ、しばらく私は自問自答しました。「どうすれば、この様な創造性を獲得できるのか」と。考え抜いた挙げ句、獲得しようと思うと獲得できないという結論に至りました。

おそらく、金澤さんには、創造性を身につけるという考えはないのではないかと思ったのです。創作に全身全霊で打ち込んだ「結果」として、私が感動したような創造性が発揮されたのだと。

私は、結果に過ぎないものを、目的にしようとしていたのです。

創作中の金澤さんは、心から書を愉しんでいて、とても幸せそうでした。

私は、自分にも、このような心持ちで没頭できるものが欲しいと思いました。時間が経つのも忘れて夢中になれる時間が増えれば、とても素晴らしい人生になると思ったのです。

　そんなひと時は、実は身近にあることに徐々に気付いていきました。掃除、食事、趣味、家族と過ごす時間、仕事など、どんなことでも、自分の心持ち次第で、そんな時間を生きることができるのだと思ったのです。特に、仕事は費やす時間が長いだけに、豊かな人生を左右する大事だと考えています。


　私は、24歳の時、父の他界を通じてこのことに向き合いました。父は、昭和4年生まれで、10代の頃に海軍の予科練で鍛えられた、軍人気質が強い男でした。経営は独裁的でした。私は、父の経営スタイルが好きになれず、自分の代になったら違うリーダーシップを目指したいと思っていました。

　1995年の夏に、父に末期がんが発見され、余命半年の宣告を受けました。当時は、本人に告知をすることは稀で、父には「胃潰瘍」と説明しました。

　私は、余命半年の残酷さを目のあたりにしました。日に日にやせ細り、生気が失われていくのです。唯一の楽しみの食事も残すようになりました。

もしかしたら父は、死期が迫っていることを知っていたのかもしれません。明らかに、父の中で、何かが変わっていったのです。特に、使う言葉が変わっていったのが印象に残っています。

父は日頃から、「俺の」という言葉を多く使っていました。「俺の会社」「俺の社員」「俺の家」「俺の財産」と。入院中に、社員がお見舞いに来ると、看護師さんに、「俺が使っている社員だ」と、自分が経営者であることを自慢していました。

口が裂けても言えませんでしたが、父が言う「俺のもの」は、すべて、半年後には父のものではなくなっているのです。この世のものは、何ひとつ、あの世に持っていくことができないのですから。当時、父の後を継ぐ決意はできており、いずれ私が継承することも決まっていました。

しかし、会社が父のものではないのと同様に、自分のものになるわけでもないと気付いたのです。

父は死期が近づくにつれ、「俺の」という言葉を使わなくなりました。その代わり、思い出話をするようになりました。自分が商売を継いだ時のことや、経営に対する考え方、仕事の思い出、業界の旅行で中国に行った時の話、好きなレストランの話など、本当にたくさんの話を私にしてくれました。その時の父は、とても楽しそうでした。

私や、私の姉のことを心配したり、「幸せになってほしい」と、願う言葉もありました。私は、父を安心させたくて、「退院したら、一緒に仕事をしよう」と言いました。

父は、本当に大切なものに気付いたのだと思います。それらはすべて、父が手にした「結果」ではなく、生きてきた、瞬間、瞬間の心持ちです。

父は1995年の年末の寒い夜に、大切なものを胸に抱き、空に旅立ちました。

私が、大切にしている、**「人が自分の役割をまっとうし、他者のお役に立つことで人生が開花する」**という思いを、ずっと大切にできたのは、父と過ごした半年間があったからだと思います。

私の思いは、収益の根本原因ではあるが、手段ではありません。収益よりも大切な「目的」です。

以前の私は、収益よりも大切なものを大切にすると、収益は得られないと考えていました。それが間違いであることを、本書の事例で紹介した企業をはじめ、多くの方から学びました。

一番大切な目的を、本当に大切にしている企業が、持続的に富を創造している様子を見て、「繁栄の因果」に確信を持つようになりました。確信を持った時に、「いい時代になったな」と思いました。ビジネスを通じ、大切なことに気付きやすい時代だからです。

こうしたことは、言葉だけを並べるとキレイゴトに聞こえますが、実践は本当に手間も時間もかかります。しかし、必ず報われると信じています。

あなたにとって「収益よりも大切なこと」は何でしょうか？

本書は、具体的な実務に触れているため、読んでいるうちに、「賃上げという目的を達成する手段として、風土が必要」という思考回路に陥りやすいと思います。読みやすくするために、あえて、そういう書き方をした箇所もあります。

「おわりに」で、このような、禅問答のようなことを書いたのは、大切なことを、今一度確認する必要があると考えたからです。

ビジネスは本当に面白い領域にまで進化しています。様々な意味での豊かさをつくる企業になるために、本書を活用していただければ幸いに存じます。

本書の出版に際して、急な提案を受け入れてくださった、内外出版社の小見敦夫さん、黒川裕二さんには、心から感謝を申し上げます。

指示ゼロ経営の実践事例を提供してくださった企業をはじめ、日頃から私に関わってくださっている方々にも深く御礼申し上げます。そして、原稿を書く私の横にいて、いつも心を癒やしてくれた愛犬「ハル」、最後まで見届けてくれてありがとう。

2023年6月　米澤晋也

米澤晋也（よねざわ しんや）

1971年長野県生まれ。株式会社 Tao and Knowledge 代表。株式会社たくらみ屋代表。一般社団法人夢新聞協会理事長。23年間にわたる新聞販売店経営の中で、多くの試行錯誤を繰り返しながら、自分たちで課題を発見し、行動できる自律型組織「指示ゼロ経営」を開発する。これまで1万人以上の実証実験を通じ、指示ゼロ経営の再現知見を深める。企業研修や教育機関でのキャリア教育等、幅広い分野で指示ゼロ経営の知見を提供し、多数の企業、教育機関が実践している。趣味はDJ。JAZZ、SOUL、HIP HOPなど、3000枚を超えるアナログレコードを所有する。

HPはこちら

ほぼ毎日ブログを
書いています

賃金が上がる！ 指示ゼロ経営

発行日　2023年7月15日　第1刷発行

著　者　米澤晋也
発行者　清田名人
発行所　株式会社内外出版社
〒110-8578 東京都台東区東上野2-1-11
電話 03-5830-0368（企画販売局）
電話 03-5830-0237（編集部）
https://www.naigai-p.co.jp
印刷・製本　中央精版印刷株式会社

ISBN978-4-86257-663-7

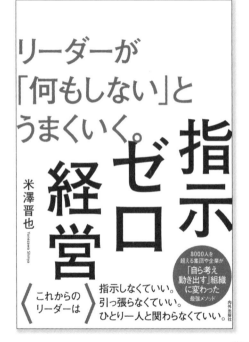